Monika Rahimi

tauchen
ohne Angst.

Gefühle richtig deuten
und entspannt tauchen

Einbandgestaltung: Kornelia Erlewein

Bildnachweis:
Titelbild: Raimar Lenz
Bernt, Thomas: 128
Doebler, Ulli: 13, 23, 26, 29, 31, 33, 37, 39, 43, 46,49, 50, 57, 61, 81, 85, 98, 99, 101, 102, 103, 116
Krumme, Hagen: 109
Lenz, Raimar: 2, 12, 16/17, 21, 42, 45, 56, 76, 78, 89, 90, 100, 120, 121

Eine Haftung des Autors oder des Verlages und seiner Beauftragten für Personen-, Sach- und Vermögensschäden ist ausgeschlossen.

ISBN 978-3-613-50882-8

3. Auflage 2019

Sie finden uns im Internet unter: www.pietsch-verlag.de

Lektorat: Angela Saur
Innengestaltung: WS - WerbeService Linke, 76185 Karlsruhe
Druck und Bindung: Graspo CZ, 76302 Zlin
Printed in Czech Republic

Über dieses Buch

Schreiben ist verdammt schwer! Glaubt mir, Tauchen ist wesentlich einfacher. Es hat mich stets mehr Überwindung gekostet, mich auf meinem gemütlichen Bett bäuchlings auszustrecken, um ein paar Zeilen zu Papier zu bringen, als mich an einem regnerischen Tag in den feuchtkalten Neoprenanzug zu zwängen.

Euphorischer Glücksrausch, wenn einige Seiten gut gelungen schienen. Dann wieder Leere im Gehirn, durchgestrichene Sätze, Strichmännchen und geometrische Figuren statt literarischer Geistesblitze. Frust! Wie oft wollte ich mein Werk zerreißen, ertränken oder in eine fremde Galaxie verbannen: Ich bin Tauchlehrerin und keine Schriftstellerin. Warum tue ich mir das an? Trotz allem habe ich mich immer wieder durchgerungen, weiterzuschreiben. Weil dieses Buch wichtig ist für jedes vernunftbegabte und emotionsbelastete Wesen, das ans Tauchen denkt und es lernen will, bereits tauchen kann, Tauchen abscheulich findet, tauchbegeistert ist, Angst vor dem Tauchen hat oder es lehrt.

Erwartet kein Tauchtheorie-Buch im üblichen Sinne, in dem es um Physik, Medizin oder Technik geht. Im Gegenteil, ich habe mich bemüht, gerade das wegzulassen, was in allen anderen Fachbüchern steht, um Platz zu schaffen für das, was noch nicht gesagt worden ist.

„Tauchen ohne Angst" widmet sich lediglich zwei Themen, die ich als die zwei großen „A" bezeichne. Und wie das „A" als Anfangsbuchstabe in unserem Alphabet wohl die prägnanteste Rolle spielt, so sind die beiden großen „A" die Prämisse für sicheres, genussvolles Tauchen. Verwunderlich ist, dass diese beiden Themen in Theoriebüchern sowie in der praktischen Tauchausbildung entweder total ignoriert oder nur ganz am Rande bedacht werden: Es geht um **A**temtechnik und um **A**ngstbewältigung.

Obwohl es in unserem Leben, und somit auch beim Tauchen, nichts wichtigeres gibt als unsere Atmung, denken wir kaum über sie nach. Die meisten Taucher – auch die Könner – atmen falsch. Sie gehorchen den instinktiven Reflexen des Landlebewesens, und diese berücksichtigen den Gebrauch der Technik einfach nicht. „Wie soll man beim Tauchen atmen?" Im Allgemeinen lautet die Antwort: „Ganz normal." Die Frage ist nur, was „ganz normal" unter Wasser bedeutet.

Wir begeben uns in ein lebensfeindliches Element und tun etwas absolut Tödliches, wenn wir unter Wasser atmen. Solange wir nicht unseren Verstand, vor allem aber unser Unterbewusstsein davon überzeugt haben, dass wir dieses Abenteuer unbeschadet überstehen, verspüren wir Angst. Wäre es nicht ratsam, dieser Angst auf den Grund zu gehen? Denn nur wenn wir unsere Ängste begreifen, können wir sie abbauen, anstatt sie zu verdrängen oder auszuleben.

Da die meisten Ängste zu Beginn eines Taucherdaseins auftreten, habe ich in meinem Buch oft den Dialog mit dem Tauchanfänger gewählt. Es ist die Art, wie ich gewöhnlich meinen Schülern das Tauchen erkläre. Betrachtet dieses Zwiegespräch als stilistisches Mittel, aber auf keinen Fall als Anleitung zum Selbstunterricht. Tauchen lernen solltet ihr nur bei einem qualifizierten Tauchlehrer!

„Tauchen ohne Angst" ist nicht nur für den Tauchanfänger gedacht. Ich habe dieses Buch geschrieben für

- jeden, der gerne tauchen würde, aber meint, er könnte es nicht, weil er Angst hat oder wasserscheu ist;
- den Tauchanfänger, damit er seine Ängste versteht und mit einer natürlichen Atemtechnik von Anfang an sicher und entspannt taucht;
- den „fertigen" Taucher, der mit dem neuen Wissen sein Landverhalten korrigieren kann, um ein echtes Wasserwesen zu werden, zumindest so lange, wie die Flaschenfüllung reicht;
- den furchtlosen Könner, der nach der Lektüre die Ängste seines weniger erfahrenen Tauchpartners besser einschätzen kann.

Besonders aber würde es mich freuen, wenn einige Tauchlehrer Nutzen aus meiner Erfahrung ziehen könnten.

An dieser Stelle möchte ich alle Frauen um Verständnis bitten. Ich schreibe fast ausschließlich von Tauchern in der maskulinen Form. Ich bin der Meinung, ein ständiges „Taucher und Taucherin", „Taucher/in" oder „er/sie" stört den Rhythmus des Geschriebenen und ermüdet beim Lesen. Ansprechen möchte ich natürlich Taucher und Taucherinnen, Anfänger und Anfängerinnen, Tauchlehrer und Tauchlehrerinnen. Betrachtet die Begriffe einfach als neutrale Form ohne jegliche Geschlechtszuordnung. Da ich selbst eine Frau und Taucherin bin, werdet ihr mir wohl kaum Macho-Allüren oder Diskriminierung vorwerfen.

Einige Noch-Nicht-Taucher mag es wundern, dass ich in einem Sachbuch meine Leser locker mit „du" anspreche. Alle Taucher duzen sich, ungeachtet des Alters, Rangs und Namens. Das ist keine Respektlosigkeit. Es ist ein Zeichen der Kameradschaft und Verbundenheit. Schließlich ist man unter Wasser aufeinander angewiesen. Ein „Herr Oberstudienrat, würden Sie mir bitte Ihre alternative Luftquelle reichen, mein Atemregler hat versagt" ist beim Tauchen fehl am Platz.

Kerngedanke dieses Buches ist die Lehre der sogenannten natürlichen Atemtechnik. Ich möchte mich nicht mit fremden Federn schmücken. Die natürliche Atemtechnik entstammt nicht meinem Gedankengut. Diese Technik basiert auf Lutz Hagemanns Lehre vom Tauchen ohne Blei. Leider konnte Lutz seine teilweise genialen Überlegungen nie einer breiteren Öffentlichkeit schmackhaft machen. Nur ein kleiner Kreis von Tauchlehrern ist mit der speziellen Atemtechnik vertraut.

Soweit ich weiß, sind die meisten dieser Tauchlehrer (auch ich) vom total „bleifreien" Tauchen abgekommen. Dennoch ist das bleifreie Tauchen die perfekteste Lehrmethode, die ich kenne, denn nur ein physisch und psychisch absolut entspannter Taucher kann ohne Blei abtauchen und

unten bleiben. Man könnte diese Methode sehr gut als Therapie anwenden. Das Tauchen ohne Blei hat nur einen Nachteil: Ein Tauchlehrer in einer kommerziell geführten Tauchschule hat einfach nicht die Zeit, mit jedem einzelnen Schüler tagelang nur atmen zu üben. Außerdem möchte der Tauchschüler während seines knappen Urlaubs auch einmal richtig tauchen und Fische sehen.

Fast alle Tauchlehrer, die mit Lutz' Ausbildungssystem in Berührung gekommen sind, haben aber von seiner Lehre auf jeden Fall eines beibehalten: die natürliche Atemtechnik und das Atmenzeigen mit der Hand.

Die natürliche Atemtechnik ist ein unschätzbares „Werkzeug" für den Tauchlehrer und ein Segen für den Tauchschüler. Wie bei vielen genialen Erkenntnissen verblüfft diese Technik durch ihre Einfachheit und offensichtliche Logik.

Im Anhang habe ich kurz die drei wichtigsten Themen aus Physik und Medizin erläutert: Boyle-Mariottesches Gesetz, Barotraumen und Dekompressionskrankheit. Es handelt sich dabei nicht um eine wissenschaftliche Abhandlung und hat keineswegs den Anspruch auf Vollständigkeit. Dieses Kapitel dient nur zum schnellen Nachschlagen und als leichtverständliche Erklärung der im Text vorkommenden Begriffe.

„Tauchen ohne Angst" ist keine Darstellung eines einseitigen Fokus. Dieses Buch ist ein Produkt aus neun Jahren herkömmlicher Lehrmethode, zwei Jahren „bleifrei" und weiteren zehn Jahren des Versuchs, ein einfaches, aber wirkungsvolles Ausbildungsprinzip zu entwickeln, das auch ängstlichen Menschen stressfreies und sicheres Tauchen ermöglicht und weder Tauchschüler noch Tauchlehrer überfordert.

Meine Lehrmeister waren Hunderte von Tauchschülern. Mein Vorlesungsraum war das Wasser. In diesem Buch findet ihr keine theoretischen Spekulationen oder hochtrabende Analysen. „Tauchen ohne Angst" ist Tauchpraxis auf den einfachsten Nenner gebracht.

Monika Rahimi

Einführung: Tauchen mit Leib, Seele und Verstand

Ein Mensch besteht nicht nur aus dem Körper und ein Taucher nicht nur aus Pressluftflasche, Computer und Boyle-Mariotteschem Gesetz. Beide besitzen auch noch den Geist und die Seele, sprich Verstand und Gefühle.

„Ganzheitlich" ist ein Begriff, der in den letzten Jahren immer mehr Verwendung findet. Man spricht von ganzheitlicher Medizin, Physik, Weltanschauung. Selbst beim Leistungssport hat man erkannt, dass körperliche Hochleistung nicht zu trennen ist von seelisch-geistigem Wohlbefinden. Warum wird dann gerade beim Tauchsport hauptsächlich bis ausschließlich Wert auf körperliche Verfassung, physikalische Gesetze und Technik gelegt?

Der Körper eines Tauchers wird mit technischen Hilfsmitteln zum Pseudofisch umfunktioniert und unterliegt damit einer Anzahl physikalischer Gesetze. Der Verstand kommt mit der Idee des „Technofischs" ganz gut klar. Schließlich sind ihm Vorstellungen von tonnenschweren Metallgebilden, die fliegen können, auch vertraut. Allerdings schaltet der Verstand im fremden Element auf Sparflamme. Er gibt den unterbewussten Gefühlen mehr Raum. Das Unterbewusstsein aber lässt sich nicht so einfach vom Pseudofischdasein überzeugen. Das Verständnis für die Abstraktion der Technik geht ihm völlig ab. Es klammert sich an einprogrammierte Verhaltensmuster, die auf einem langjährigen Erfahrungsschatz basieren.

Aus der Sicht des Unterbewusstseins tut der Taucher etwas absolut Tödliches: Er atmet unter Wasser. Zudem schwebt er in einer Stellung, in der er jeden Moment auf die Nase fallen müsste. Kein Wunder, dass das Unterbewusstsein Angst um seinen Landmenschen hat. Als Folge dieser Besorgnis zwingt es den Taucher zu Rettungsmaßnahmen, die unter normalen atmosphärischen Bedingungen sinnvoll wären. Im wesentlich dichteren Element Wasser, unter veränderten physikalischen Bedingungen und mit Technik im Mund stößt der Taucher damit jedoch auf Widerstand. Da der logische Verstand das unbewusste Fehlverhalten oft nicht versteht, ignoriert er die Ängste oder interpretiert sie falsch.

> Die psychische Belastung, die aus dem Missverständnis zwischen Verstand und Unbewusstem resultiert, drückt sich im physischen Bereich in einem widernatürlichen Atemrhythmus und einer Verspannung des Körpers aus.

Körper, Verstand und Gefühle sind eine Einheit. Als Ganzes bilden sie den Menschen, mit etwas Technik wird ein Taucher daraus. Alle drei Aspekte stehen in einer Beziehung zueinander. Sie können sich gegenseitig beeinflussen. Ängste veranlassen die Muskeln, sich zu verkrampfen

Körper, Geist und Seele bilden auch beim Tauchen eine Einheit.

Bei der allgemeinen Tauchausbildung wird den unbewussten Emotionen etwa soviel Interesse gewidmet wie dem linken Füßling bei der Ausrüstung. Man nimmt zur Kenntnis, dass Ängste beim Tauchen existieren. Das tut der linke Füßling auch. Es gibt kein Übungsprogramm und kein Kapitel in einem Theoriebuch, wie man sich einen linken Füßling anziehen soll. Ebenso wenig gab es bisher eine konkrete Anleitung, wie man unbewusste Ängste und Verhaltensmuster schnell und erfolgreich in den Griff bekommt.

Zugegeben, es ist nicht erforderlich, einen linken Füßling zu tragen. Es ist auch nicht nötig, beim Tauchen die Ängste abzulegen: Ein Großteil der Taucher genießt den Sport verspannt und mit einer unnatürlichen Atmung. Mit der Zeit, wenn sich das Unterbewusstsein auf das Abenteuer Pseudofisch eingestellt hat, werden die Ängste ohnehin reduziert. Der Taucher kann sich dann besser entspannen. Die Atmung wird flacher und ruhiger, wenn auch selten „normal".

Aber warum soll nicht jeder Tauchschüler von Anfang an lernen, mit einem natürlichen Atemrhythmus entspannt und angstfrei zu tauchen? Warum soll nicht auch ein „fertiger" Taucher sein Landlebewesen-Verhalten korrigieren, um zu einem echten Wasserwesen zu werden, solange die Pressluft reicht? Das macht nicht nur mehr Spaß, es ist auch wesentlich sicherer. Denn Ängste können das Sprungbrett zur Panik sein. Und Panik unter Wasser ist gefährlicher als ein kalter linker Fuß.

und zwingen zu einer hektischen Atmung. Doch umgekehrt kann ein bewusst entspannter Körper und eine ruhige, natürliche Atmung von Ängsten befreien.

Als Vermittler muss allerdings der Verstand eingesetzt werden, damit der ganze Mensch erst einmal versteht, dass er unbewusste Ängste verspürt. Weiß der Taucher, was in seinem Unterbewusstsein vor sich geht, vermag er den – unter Wasser sinnlosen – Landlebewesenreflexen entgegenzuwirken. Bewusst kann er sich ein wassergerechtes Verhalten aneignen. Nur dann fühlt er sich wirklich wie ein „Fisch im Wasser".

Der Hai ist manchmal ein Angstthema.

Grundlagen
des Tauchsports

Ängste

„Mit der Maske bekomme ich bestimmt Klaustrophobie."

„Und was soll ich tun, wenn ein Hai kommt?"

„Tauchen?! Ich? Niemals! Ich habe Angst vor der Tiefe."

Solche und ähnliche Sätze höre ich immer wieder, wenn ich versuche, Menschen für den Tauchsport zu gewinnen. Was steckt hinter diesen Aussagen? Angst, natürlich. Aber ist es wirklich die Angst vor der Maske, dem Hai, der Tiefe? Natürlich nicht!

Hat dir schon einmal jemand erzählt, er bekäme Klaustrophobie, wenn er eine Schutzbrille zum Ski- oder Motorradfahren

tragen muss? Mir noch nicht. Auch ist beispielsweise die Möglichkeit, auf den Malediven von einer Kokosnuss erschlagen zu werden, um ein Vielfaches größer, als von einem Hai gefressen zu werden. Trotzdem hat mich noch kein Urlauber gefragt, was er tun soll, wenn eine Kokosnuss kommt. Da gefällt mir die Ausrede von der Tiefe schon besser, aber nur, wenn ich die „Tiefe" als Synonym für das Unbekannte verstehe. Denn als Taucher begeben wir uns in ein fremdes Element, für das wir physiologisch nicht ausgestattet sind, und wir begegnen Lebewesen, deren Verhaltensmuster wir nicht kennen und nicht einschätzen können.

Ich habe die Ängste beim Tauchen in zwei Gruppen aufgeteilt. Die einen nenne ich Verstandesängste, die anderen Gefühlsängste. Auf beide werde ich in den folgenden Kapiteln eingehen.

Verstandesängste

Verstandesängste entstehen zum einen durch real existierende Gefahren, zum anderen durch Gespinste unserer Phantasie. Ängste, die auf real existierenden Gefahren basieren, sind durchaus positiv und notwendig. Ohne diese Ängste wäre deine Chance zu überleben äußerst gering, egal ob im täglichen Leben oder beim Tauchen.

Tauchen ist keine ungefährliche Sache. Das hat es mit dem Leben als solches gemeinsam. Wir haben es mit Dekounfall, Barotrauma, Tiefenrausch, Gasvergiftungen oder Ertrinken zu tun. Erschreckend! Zugegeben. Aber nicht minder erschreckend können die Folgen eines Verkehrs-

unglücks oder eines Unfalls im Haushalt sein.

Wenn du keine Angst vor Autos hättest, würdest du unachtsam über jede Straße laufen. Hättest du keine Angst vor einem Dekounfall, würdest du dich nicht um Nullzeit und Aufstiegsgeschwindigkeiten kümmern. Du solltest diese Ängste als deine Beschützer und Berater schätzen, aber sie nicht zu Tyrannen werden lassen, die dir den Schweiß auf die Stirn treiben und das Herz rasen lassen.

Da gibt es aber noch andere Verstandesängste, die ganz und gar nicht nützlich sind. Sie entstehen durch die Phantasie. Aus Mangel an richtigen Informationen und realen Erfahrungen produziert die Phantasie einen Film. Sie ist nicht wählerisch in der Selektion ihres Materials. Schlagzeilen aus der Zeitung, unverstandene Fakten aus einem Tauchtheoriebuch, unangenehme Erinnerungen (vielleicht hast du beim Schwimmen einmal Wasser in die Nase bekommen), gewürzt mit einem Schuss „Weißer Hai", und schon ist ein Steven-Spielberg-gerechter Horrorstreifen fertig. Lässt du dieses Filmwerk nun oft genug in deinem Kopf ablaufen (am besten noch vor dem Einschlafen), brauchst du dich nicht zu wundern, dass dir flau im Magen wird, bevor du auch nur eine Zehe ins Wasser gesteckt hast.

Gefühlsängste

Was unterscheidet nun die Gefühlsängste von den Verstandesängsten? Verstandesängste entstehen im Bewusstsein, lassen sich mit dem Verstand erfassen und mit

Worten erklären. Gefühlsängste hingegen kommen aus dem Unterbewusstsein. Du reagierst ängstlich und verkrampft, ohne eine rechte Erklärung dafür zu haben.

Beim Tauchen lassen sich die meisten Ängste darauf zurückführen, dass du unbewusst Landverhalten mit ins Wasser nimmst und damit in dem viel dichteren Element nicht zurecht kommst. Oft werden diese Gefühlsängste gar nicht erkannt. Der Anfänger verkrampft seinen Körper bei den ersten Tauchversuchen, gewöhnt sich daran und betrachtet diesen angespannten Zustand später als normal.

Beim Checktauchgang hat mir schon manch ein „angstfreier" Taucher die Finger bei der Wechselatmung zerquetscht und die Zähne fast eingedrückt, danach jedoch versichert: „Ich bin ganz locker."

Unter normalen Bedingungen können auch die Gefühlsängste als Schutzmechanismen wirken, denn oft warnt uns unser Unterbewusstsein vor Gefahren, die wir bewusst nicht erkennen können. Unser Unterbewusstsein zwingt uns jedoch, uns in Krisensituationen wie Landlebewesen zu verhalten. Da wir unter Wasser veränderten physikalischen Gesetzen unterliegen, kann das fatale Folgen haben.

Die Angst vor dem Fallen

„Angst vor dem Fallen im Wasser? Wie unsinnig!", wirst du sagen. Trotzdem haben viele Tauchanfänger Angst vor dem Fallen. Bewusst ist das den wenigsten.

An Land sind wir gewohnt, aufrecht zu gehen oder zu stehen. Gut, wir können auch auf dem Bauch liegen. Ein Zwischen-

Der Anfänger streckt seine Arme steif gegen den Grund. Sein Unterbewusstsein signalisiert ihm: „Hilfe, du fällst!"

stadium von beidem aber bedeutet für uns an Land: höchste Gefahr! Wir haben nur Bruchteile von Sekunden Zeit, unsere Arme schützend vor unserem Körper auszustrecken, um die Folgen des Sturzes zu mindern.

Genauso streckt manch ein Beginner seine Arme steif gegen den Grund, wenn er das erste Mal im flachen Wasser absinkt. Sein Unterbewusstsein signalisiert ihm nämlich: „Hilfe, du fällst!" Woher soll das Unterbewusstsein auch wissen, dass man sich unbeschadet in so einer widernatürlichen Position aufhalten kann. Das Unterbewusstsein reagiert ja hauptsächlich auf praktische Erfahrung. Da der Verstand meistens das Unterbewusstsein ignoriert, gibt er auch nicht gern zu, dass das verkrampfte Vorstrecken der Arme auf die Angst vor dem Fallen zurückzuführen ist, denn jeder weiß doch, im Wasser kann man nicht hinfallen.

Diese Angst vor dem Fallen ist ein gutes Beispiel für die unlogischen Gefühlsängste, die das landorientierte Unterbewusstsein uns im Wasser aufzwingt. Unerfahrene Taucher rudern alle mit den Armen, wird oft behauptet. Das stimmt nicht. Nur unerfahrene Taucher, die Angst vor dem Fallen haben, tun das. Es ist aber ein Leichtes, dir von Anfang an diese Unart abzugewöhnen.

Der erste Schritt ist: Werde dir bewusst, dass du Angst vor dem Fallen hast und erkenne den Unsinn dieser Angst! Mit reiner Theorie kannst du dein Unterbewusstsein nur selten überzeugen, deshalb Schritt zwei: Steige im flachen Wasser mit Hilfe deiner Atmung auf und ab! Lasse dich dabei flach auf den Bauch fallen, ohne dich mit den Händen abzustützen!

Begreift dein Unterbewusstsein erst einmal, wie sanft du landest, zwingt es dich auch im tiefen Wasser nicht, deine Hände ständig schützend vor dich zu strecken. Auch Bewegungsübungen im tiefen Wasser wie Salto vorwärts und rückwärts, um die eigene Achse drehen oder auf dem Rücken schwimmen können dir dabei helfen, dich an die Gewichtslosigkeit zu gewöhnen.

Zwischen den Elementen oder: Abtauchpanik

Sylvia gehörte nicht zu den ängstlichen Typen. Im Kurs hatte sie schnell die Scheu vor dem Wasser verloren. Jetzt beherrschte sie die wichtigsten Tauchübungen tadellos. Wir waren am Hausriff bis auf 18 Meter abgetaucht. Sie atmete ruhig, verbrauchte wenig Luft und bewegte sich entspannt. „Tauchen ist toll!" schwärmte sie nach ihrem ersten tieferen Tauchgang, „ich fühle mich wie ein Fisch im Wasser."

Nun war es endlich soweit. Der erste Bootstauchgang war angesagt. Ein wenig

Mit einem kleinen Trick lässt sich eine Panik beim Abtauchen vermeiden.

Herzklopfen vor dem Sprung vom Boot gestand sie mir ein. Das kurze Zögern vor dem Schritt ins Leere war ganz normal. Plumps, nun trieb Sylvia mit aufgeblasenem Jackett an der Oberfläche. Sie überprüfte, ob ihre Maske richtig saß und steckte den Automaten in den Mund. Auf mein Okay-Zeichen antwortete sie mir überzeugend. Doch kaum hatte sie die Luft aus dem Jackett gelassen und war mit dem Kopf untergetaucht, begann sie mit Flossen und Armen zu paddeln, um ja nicht unter zu gehen. Sie riss sich den Automaten aus dem Mund und schnappte

nach Luft, als wäre sie kurz davor zu ersticken. Diese Reaktion beim ersten
Bootstauchgang war mir nicht fremd. Ich
war sofort zur Stelle, ließ Luft in ihr Jackett, hielt sie fest und beruhigte sie mit
Worten. Gerechnet hatte ich damit, aber
nicht unbedingt bei Sylvia. Nachdem sie
sich gefasst hatte, nahm ich sie an die
Hand, dirigierte mit meiner freien Hand
ihren Atemrhythmus, wobei ich ihr den
Blick in die Tiefe verdeckte. Wir tauchten
ab. Nach wenigen Minuten ließ ich ihre
Hand los. Sylvia schien sich wieder wie
ein Fisch im Wasser zu fühlen.

Was beim ersten Abtauchversuch in sie
gefahren war, konnte sie mir später nicht
erklären. Sylvia hatte keine Angst vorm
Tauchen. Sie war auch eine gute Schwim-
merin und scheute sich nicht, in tiefen, offenen Gewässern zu schwimmen. War es
vielleicht die schon erwähnte Angst vor
dem Fallen, die Sylvia plötzlich überkam?
Nein. Die Angst vor dem Fallen äußert
sich nur, wenn wir uns in einer für uns luft-
umgebene Wesen ungewöhnlichen Lage
befinden, also in der Waagerechten
schweben oder seitlich umkippen. Meist
sind wir uns dieser Angst gar nicht bewusst. Lediglich ein krampfhaftes Vorstrecken oder Rudern mit den Armen sind
äußere Anzeichen dafür. Sylvia „stand"
senkrecht im Wasser. Für uns zweibeinige
Landlebewesen eine gewohnte Position,
aber eben nur, solange wir an Land sind.
Im Wasser ist es die Stellung des Ertrin-
kenden. Sylvia, wie andere Tauchanfänger
vor ihr, fürchtete zu ertrinken, unterzugehen. Wie irrsinnig! Sie hatte ihren Auto-

maten im Mund, bekam also genügend
Luft. Und untergehen ist nun einmal der
Sinn des Tauchens.

Warum hatte Sylvia keine Angst, als sie
am Hausriff abtauchte? Am Hausriff
steckte sie im flachen Bereich den Kopf
unter Wasser. Dort, wo man jeder Zeit aufstehen kann, lauert keine Gefahr. Das
hatte ihr Unterbewusstsein schon bei den
Übungsstunden kapiert. Wir tauchten vom
Flachen bis zur Riffkante, wo das Riff bis
auf über 20 Meter abfiel. In der Zeit, bis
wir die Riffkante erreichten, konnte sich
das landorientierte Unterbewusstsein auf
Wasserverhalten einstellen. Vor der Tiefe
hatte Sylvia keine Angst. So war das Abtauchen am Hausriff kein Problem.

Was geschah beim Bootstauchgang?
Sylvia trieb an der Oberfläche. Ihr Kopf
ragte aus dem Wasser. Das luftgefüllte
Jackett gab ihr sicheren Halt. Auch wenn
sie bereits den Automaten im Mund
hatte, identifizierte ihr Unterbewusstsein
sie als das, was sie war: ein im Wasser
treibendes Landlebewesen. Gefahr mel-
dete das Unterbewusstsein nicht, denn
Landlebewesen können sich unbeschadet
im Wasser aufhalten, solange sie nicht
unter Wasser atmen. Als Sylvia die Luft
aus dem Jackett ließ, sank ihr Kopf unter
Wasser. Sie atmete. Sie bekam auch genügend Luft. Eigentlich bestand kein of-
fensichtliches Problem. Nur konnte ihr
Unterbewusstsein sie nicht schnell genug
in der Rolle als Pseudofisch einordnen.
Es setzte das Atmen unter Wasser und
die senkrechte Stellung mit Ertrinken
gleich.

Wie lässt sich eine Abtauchpanik vermeiden?

Um eine Abtauchpanik zu vermeiden, musst du deinem Unterbewusstsein nur einen Moment Zeit geben, um sich vom Element Luft zu lösen und sich auf das Element Wasser einzustellen. Bevor du zum Abtauchen die Luft aus deinem Jackett lässt, stecke den Automaten in den Mund, tauche das Gesicht unter Wasser und atme ruhig. Schau dir den Grund an. Denke bewusst daran, dass du da hinunter möchtest. Seit ich meinen Tauchschülern diese einfachen Tipps gebe, sind Paniken beim Abtauchen nur noch äußerst selten vorgekommen.

Ängste in den Griff bekommen

Wenn du als Anfänger, oder auch als schon etwas fortgeschrittener Taucher, Angst vor dem Tauchen hast, ist das völlig normal. Du bist eben nicht als Fisch geboren. Also komme nicht auf den dummen Gedanken, dich deshalb zu schämen. Lerne lieber, deine Ängste in den Griff zu bekommen!

Zwei sehr gebräuchliche Weisen mit Ängsten umzugehen sind:

1. Man verleugnet oder verdrängt die Ängste. Oft gelingt diese Maskerade so perfekt, dass man selbst an seine Furchtlosigkeit glaubt. Nur der Körper lässt sich von diesem Versteckspiel nicht täuschen. Auch noch so geschickt verborgene Ängste zeigen sich in einer Verkrampfung des Körpers.
2. Man identifiziert sich mit den Ängsten und räumt ihnen die Macht ein, einen zu beherrschen. Man verzichtet auf Erfahrungen und Lebensfreude zugunsten der Ängste. Kann oder will man eine furchteinflößende Situation nicht umgehen, handelt man zaghaft und verspannt.

Beide Möglichkeiten, mit den Ängsten umzugehen, lassen sich zwar oft nicht ohne weiteres vermeiden, sind aber keineswegs erstrebenswert. Besser ist es, wenn wir nach den Wurzeln unserer Ängste forschen. Ist eine Angst begründet, weil wir uns tatsächlich in Gefahr begeben, können wir durch vernünftiges Handeln und Vorsicht die Lage und somit auch die Angst entschärfen. Viele Ängste aber, besonders wenn wir uns mit etwas Unbekanntem auseinandersetzen müssen, sind unbegründet. Haben wir dies erst einmal erkannt, ist es ein Leichtes, diese Ängste zu beseitigen.

Werde dir zunächst einmal klar darüber, dass eine unbekannte Sache, zum Beispiel das Tauchen, nicht gefährlicher sein muss als eine bekannte Sache, zum Beispiel Autofahren.

Beim Tauchen ist das Risiko für deine Gesundheit und dein Leben wesentlich geringer, als wenn du in ein Auto steigst. Selbst wenn die Technik beim Tauchen versagt, was bei gewissenhafter Wartung und Prüfung selten vorkommt, kannst du

nahezu jede Situation meistern, vorausgesetzt du bist gut ausgebildet und verhältst dich vernünftig. Ein Außenstehender kann dir keinen Schaden zufügen, anders als bei einem Verkehrsunfall. Gefährlich wird Tauchen nur, wenn du leichtsinnig handelst oder dich überschätzt, bzw. das Element Wasser unterschätzt. Der Gedanke an das Autofahren löst bei einem Tauchanfänger nur weniger Angst aus,

* weil du dir konkret vorstellen kannst, welche Gefahren es gibt;
* weil du gelernt hast, wie du auf die verschiedenen Situationen reagieren solltest;
* weil gute Erfahrungen dir gezeigt haben, dass du zu dieser Sache fähig bist;
* aber leider auch, weil deine Aufmerksamkeit mit der Zeit abstumpft und vieles nur noch routiniertes Tun ohne Denken und Fühlen ist.

Die ersten drei Punkte sind positiv, da sie deine Sicherheit erhöhen und dadurch deine Ängste verringern. Der vierte Punkt ist negativ, da er deine Ängste ausschaltet und dadurch deine Sicherheit gefährdet.

Sicherheit beim Tauchen kannst du nur durch praktische Erfahrung und theoretisches Wissen erlangen. Ich selbst handle oft und gern nach dem Wahlspruch: „Probieren geht über studieren." Bei der Taucherei lässt sich dieser Spruch jedoch nicht vorbehaltlos anwenden. Die physikalischen Tücken unter Wasser sind zu abstrakt. Wenn du nicht gerade ein Musterschüler in Physik warst, bist du gegen sie mit deiner

Alltagsvorsicht nicht gewappnet. Selbst ein absoluter Skianfänger weiß, dass er einem Baum ausweichen sollte, wenn er auf ihn zufährt. Der Baum als Hindernis passt in unser Gefahrenschema. Dekounfall und Barotrauma hingegen erscheinen den meisten so unvorstellbar wie eine Mondstauballergie. Ein Mindestmaß an theoretischem Wissen ist vor dem ersten Tauchgang ein unbedingtes Muss!

Aber ... gehörst auch du zu den Leuten, die erst einmal die Buchhandlung stürmen, wenn sie etwas Neues vorhaben? Wenn ja, und falls du noch dazu zu den furchtsamen Naturen gehörst, gebe ich dir einen Rat: Schau dir in deinem neuerworbenen Tauchbuch die bunten Bilder an. Meinetwegen lies auch noch die Kapitel über Flossenkauf und Schnorchelausblasen. Lass aber vorerst die Finger (bzw. die Augen) von der Tauchphysik und Tauchmedizin! Überlasse es deinem Tauchlehrer, dich in dieses Mysterium einzuweisen. In ihm hast du einen Ansprechpartner, mit dem du unmittelbar über deine Bedenken reden kannst. Missverständnisse können beseitigt werden, noch bevor sie zum Horrorfilm in deiner Phantasie werden.

Wie schon gesagt, es ist sehr leicht, mit einem Schuss unverstandener Theorie und einer kräftigen Prise Phantasie Ängste aufzubauen. Wieder abbauen lassen sich diese Ängste jedoch nur sehr schwer, selbst wenn man die Theorie verstanden hat. Tauchen lernen und die Angst vor dem Unbekannten verlieren kannst du nur im Wasser. Die bewährteste Waffe gegen die Angst ist Selbstvertrauen. Kannst du dir aber beim Tauchen selber vertrauen, wenn du vorher noch nie unter Wasser warst? Nein, denn zuerst muss dich die Erfahrung lehren, dass du dazu fähig bist. Gewiss, du kannst Vertrauen haben in deine Kraft, deine Sportlichkeit, deinen Mut. Aber gerade das sind Eigenschaften, auf die es beim Tauchen, im Gegensatz zu den meisten anderen Sportarten, gar nicht so ankommt.

Beim Tauchen kommt es in erster Linie darauf an, dein Landverhalten, das du dir seit deiner Geburt mühsam angeeignet und in deinem Bewusstsein, vor allem aber in deinem Unterbewusstsein verankert hast, umzuprogrammieren in Wasserverhalten.

Atmung

Tauchen bedeutet, mit Hilfe technischer Mittel unser Leben unter Wasser fortzuführen. Was ist nun das Allerwichtigste in unserem Leben? Unsere Atmung. Nichts brauchen wir dringender als Luft. Trotzdem denken wir, im täglichen Leben wie auch beim Tauchen, nur wenig über unsere Atmung nach. Atmen tun wir automatisch, und wer hat in unserer schnelllebigen Gesellschaft schon die Muße, über seine Atmung nachzusinnen?

Bewusste Atemübungen können Stress abbauen und führen zur Verbesserung des körperlichen und seelischen Wohlbefindens. Das weiß jeder, der sich schon einmal mit Yoga, autogenem Training oder Ähnlichem befasst hat. Wenn du erregt bist, Angst hast oder gar auf eine Panik zusteuerst, atmest du schnell. Solange du diese hektische Atmung beibehältst, wirst du dich kaum beruhigen können. Wenn du hingegen bewusst ruhig atmest, ist es ausgeschlossen, Erregung, Angst oder Panik zu verspüren.

> Unsere Atmung ist der beste und einfachste Regler unserer Psyche.

Im täglichen Leben kann eine falsche Atmung zu Unausgeglichenheit und schlechter Laune führen. Beim Tauchen kannst du dich durch falsche Atmung in eine Panik hineinsteigern, was immer ein Risiko bedeutet. Deshalb wollen wir diesem Thema unsere Aufmerksamkeit widmen.

Natürliches Atmen

Nimm dir einen Moment Zeit. Konzentriere dich auf deine Atmung, ohne sie jedoch willentlich zu beeinflussen. Wie atmest du?

Gewöhnlich atmest du ein und gleich wieder aus, wartest im relativ ausgeatmeten Zustand auf den neuen Atemreiz, atmest dann ein und sofort wieder aus. Deine Lunge ist also die meiste Zeit fast leer. So atmest du allerdings nur in deiner natürlichen Umgebung, an Land.

Steckst du bei deinen ersten Tauchversuchen, ausgerüstet mit Pressluftflasche und Automat, deinen Kopf unter Wasser, atmest du automatisch anders: Du ziehst die Luft ein und hältst sie an. Der Grund dafür ist dein Unterbewusstsein, das meldet: „Stopp! Im Wasser kannst du nicht atmen." Erst wenn dein Verstand, voll Vertrauen in die Technik, aufflackert, traust du dich auszuatmen und wieder einzuatmen. Aber da mischt sich schon wieder dein Unterbewusstsein ein und befiehlt dir: „Halt gefälligst die Luft an!" So entsteht ein ständiger Dialog zwischen Unterbewusstsein und Verstand. Das Ergebnis ist eine unnatürliche Atemtechnik, die viele Taucher ihr ganzes Taucherleben lang beibehalten.

Unser Ziel sollte es sein, auch unter Wasser so natürlich zu atmen wie an Land, nämlich: einatmen – ausatmen – stopp. Ein – aus – stopp. Warum?

1. Nur im ausgeatmeten Zustand können wir uns total entspannen. Körperliche

Entspannung baut psychischen Stress ab und kann somit Paniksituationen verhindern. Ein kleiner Test: Atme tief ein, halte die Luft an und versuche dich zu entspannen. Es wird dir nicht gelingen.

2. Dadurch, dass sich deine Lunge nicht ständig aufbläht wie ein Luftballon, hat dein Körper weniger Auftrieb. Du sparst einige Kilogramm Blei. Mit weniger Blei kannst du einfacher tarieren, was wiederum zur besseren Entspannung unter Wasser beiträgt. Auch Panik an der Oberfläche, wenn die Technik der Tarierweste oder des Jacketts versagt, kann mit weniger Blei vermieden werden.

3. Der unterbewusste Reflex, die Luft anzuhalten, kann bei einem Aufstieg in Panik zu einem Lungenriss führen. Je gründlicher wir uns diesen Reflex abgewöhnen, desto höher ist die Chance, in einer Notsituation richtig zu reagieren.

Nun ist natürliches Atmen unter Wasser leichter gesagt als getan. Denn dein Unterbewusstsein versucht dich ständig daran zu erinnern, dass du eben kein Fisch bist. Am einfachsten haben es absolute Neulinge, wenn ihr Tauchlehrer ihnen den Atemrhythmus mit der Hand anzeigt, zum Beispiel so:
• Handrücken vom Tauchschüler weg = einatmen
• Handrücken zum Tauchschüler hin = ausatmen
• Handfläche vor das Gesicht des Tauchschülers = stopp

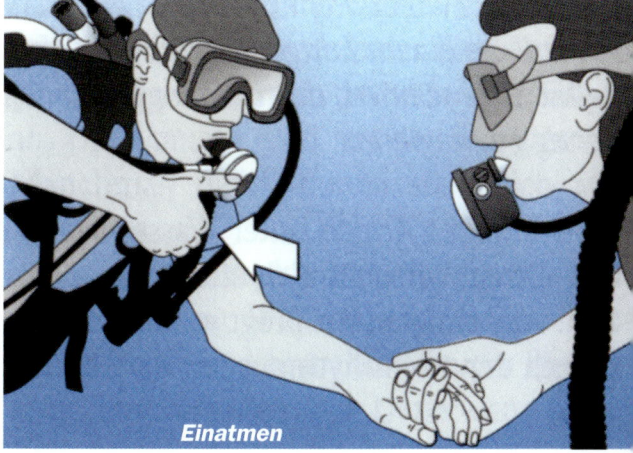

Einatmen

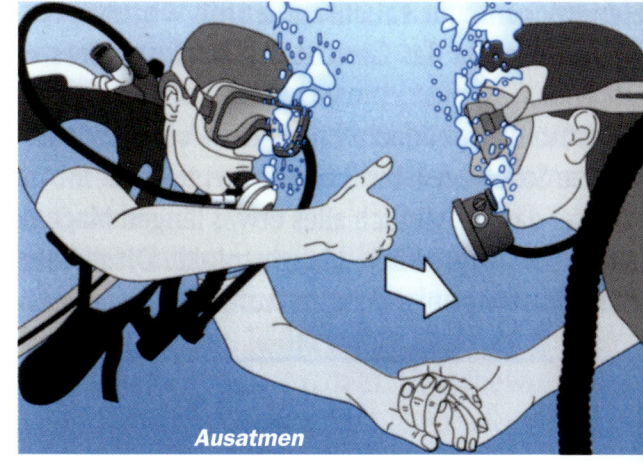

Ausatmen

Stopp

Der Rhythmus ist einfach: Einatmen – sofort wieder ausatmen – stopp. Dabei ist der kurze Stopp von 1 bis 3 Sekunden nach dem Ausatmen besonders wichtig. Im Wasser dauert nämlich alles etwas länger. Nach dem Ausatmen braucht dein Körper einen Augenblick, bis er absinkt. Diese Verzögerung im Wasser kannst du dann nutzen, um erneuten Auftrieb zu vermeiden.

Luft nicht anhalten! Einatmen – **sofort** ausatmen – stopp. So hat dein Körper keine Chance, wie ein Luftballon aufzusteigen.

Warum nicht auch als „alter Hase" umdenken?

Ist dir schon einmal aufgefallen, dass sehr erfahrene Taucher, zum Beispiel Tauchlehrer, weniger Blei mit sich herumschleppen als Anfänger oder durchschnittliche Taucher? Meistens verbrauchen sie auch erheblich weniger Luft. Woran mag das liegen? Für einen Tauchlehrer, der täglich mehrere Stunden unter Wasser verbringt, ist das Wasser kein lebensfremdes Element mehr. Das Unterbewusstsein hatte genügend Gelegenheit, sich davon zu überzeugen, dass man unter Wasser atmen kann. Die Atmung wird mit der Zeit ganz automatisch flacher und ruhiger. Manchmal, nicht immer, stellt sich auch die natürliche Atmung ganz von selbst ein.

Fragst du dann den Profi, wie er das macht, bekommst du oft eine unbefriedigende Antwort wie: „Das macht die Erfahrung. Wenn du erst so viele Tauchgänge hast, atmest du auch weniger und brauchst weniger Blei." Dieser Satz ist eine weitverbreitete, aber überholte Meinung. Denn wenn du erst einmal weißt, warum du so viel atmest, und wenn dir vielleicht noch ein Tauchlehrer den richtigen Rhythmus anzeigt, kannst du von deiner ersten Tauchstunde an atmen wie ein Profi.

Leider ist dieses Atmenzeigen und die natürliche Atemtechnik in Tauchschulen nicht sehr weit verbreitet. Wenn du als Anfänger oder auch schon „alter Hase" keinen Tauchlehrer findest, der dich einweisen kann, hast du immerhin die Möglichkeit, es selbst zu versuchen.

Ich habe immer wieder feststellen müssen, dass es wesentlich einfacher ist, einem absoluten Anfänger die Atemtechnik beizubringen als jemandem, der schon öfter getaucht hat. Je öfter du tauchst, um so tiefer prägen sich die Verhaltensweisen in dein Unterbewusstsein ein und desto schwieriger wird es, ungünstige Angewohnheiten wieder loszuwerden. Das sollte dich als erfahrenen Taucher nicht davon abhalten, deine Tauch- und Atemtechnik neu zu überdenken. Etwas umdenken, ein wenig Übung, mehr brauchst du nicht. Als Belohnung winken: entspanntere Tauchgänge, weniger Blei schleppen, einfacheres Tarieren und größere Tauchsicherheit.

Wenn ich mit mehr oder weniger erfahrenen Tauchern über Themen wie Atemtechnik oder weniger Blei diskutiere, bekomme ich oft Sätze zu hören wie: „Ich tauche schon jahrelang mit meinen vier

Kilo (in Badehose und T-Shirt) und ich fühle mich wohl. Warum soll ich etwas Neues ausprobieren?" Manchmal sind es gerade diese Taucher, die mir stolz ihren neuen Computer oder Automaten vorführen – das Neuste, was es auf dem Markt gibt. Dann frage ich mich, ob Neues viel kosten muss, um akzeptiert zu werden.

Bewusstsein

Der Verstand

Da steht er vor mir, ein Taucher, erfreut darüber, dass ich sein neues T-Shirt bewundere. Es zeigt die Karikatur eines Mannes mit dusseligem Gesichtsausdruck, Maske auf der Stirn, Bleigurt in den Kniekehlen hängend und anstelle einer Tauchflasche zwei Bierflaschen auf dem Rücken. Darunter steht der Satz: „Tauchen macht blöd."

Designs dieser Art gibt es inzwischen verschiedene, der Text bleibt der gleiche. „Tauchen macht blöd" ist in Taucherkreisen fast so gängig wie das „Gesundheit" nach dem Niesen. Pullover mit eingestricktem „Skifahren macht blöd" habe ich noch nicht gesehen. Ich würde mich auch nicht in einem T-Shirt mit der Aufschrift „Fußballspielen macht blöd" nach einem HSV-Spiel in Hamburgs S-Bahn trauen. Sind Taucher einfach kritikfreudiger als andere Sportler oder besitzen sie einen speziellen Humor?

Ich weiß nicht, woher dieser Ausspruch kommt und ob der Urheber es wirklich ernst meinte. Tatsache ist, es steckt ein Körnchen Wahrheit dahinter. In größeren Tiefen lässt die Urteilskraft eines Tauchers nach. Das kann bis zum totalen Verlust des Wahrnehmungsvermögens führen. Diese Erscheinung ist allgemein als Tiefenrausch bekannt. Die Ursachen und Auswirkungen des Tiefenrausches kannst du in jedem Tauchtheoriebuch nachschlagen. Was viele Taucher jedoch nicht registrieren ist, dass der Verstand nicht erst in größeren Tiefen eingeschränkt arbeitet, sondern das Denkvermögen bereits beeinträchtigt wird, sobald man den Kopf unter Wasser steckt.

Welcher Tauchlehrer kennt nicht folgende Situation: Ich erkläre meinen Tauchschülern die Unterwasserzeichen: „Wenn ich euch das Okay-Zeichen zeige, gebt ihr mir das Okay-Zeichen zurück, oder das Zeichen dafür, das etwas nicht stimmt." Die ganze Gruppe nickt verständnisvoll mit dem Kopf. Alles klar! Wir stecken die Köpfe unter Wasser. Nur Sekunden später halte ich dem ersten Anfänger Daumen und Zeigefinger zum Okay-Zeichen geformt vor die Nase. Als Antwort bekomme ich ein kräftiges Kopfnicken. Erst nach dem zweiten oder dritten energischen Handzeichen meinerseits klappt es dann.

„Nimmst du bei der Wechselatmung den Automaten wieder in den Mund, musst du erst ausatmen, sonst ziehst du Wasser." Geübt hatten wir das vorher schon. Und doch, anstatt Luftblasen aufsteigen zu sehen, sehe ich meinem Gegenüber förmlich an, wie gut das Salzwasser bei jedem Atemzug schmeckt. Manche halten das sogar während der ganzen Wechselatmung durch.

Beim Checktauchgang mit fortgeschrittenen Tauchern kommt es gar nicht so selten vor, dass ich auf das Zeichen: „Ich habe keine Luft mehr" das Okay-Zeichen als Antwort erhalte, oder der Taucher guckt auf seine Brust, als wolle er prüfen, ob seine Krawatte sitzt.

Eine andere Geschichte passierte einem Kollegen von mir. Während eines Checktauchgangs mit sechs bereits fortgeschrittenen Tauchern kam ihm die Idee, einmal auszuprobieren, wie sich die Burschen in einer Notsituation verhalten. Er ließ sich wie bewusstlos auf den Grund sinken. Dabei ließ er den Automaten aus den Mund fallen. So lag er eine Weile. Nichts geschah. Als ihm dann schließlich die Luft knapp wurde, drehte er sich herum, um zu sehen, wo denn seine Retter blieben. Hinter ihm lagen sechs Taucher, Automaten aus dem Mund, die Arme weit ausgestreckt: Sie spielten bewusstlos.

Würden diese Taucher an Land, bei ähnlich leichten Aufgaben, genauso unbedacht reagieren? Nein, höchstwahrscheinlich nicht. Lässt sich diese eingeschränkte Verstandesleistung durch Nervosität oder psychischen Stress beim Anfängerkurs oder beim Checktauchgang erklären? Nein. Das weiß ich aus eigener Erfahrung. Einer meiner Taucher wollte im flachen Wasser einen Film drehen. Er hatte eine Super-8-Kamera in einer dieser wasserdichten Plastikhüllen. Nachdem er ein paar Fische aufs Korn genommen hatte, drückte er mir die Kamera in die Hand und gestikulierte, ich solle ihn filmen. Ich schaute durch die Kamera. Verwundert stellte ich fest, dass ich nichts sah. Erneut guckte ich. Nichts. Nach einigen langen Momenten kam mir dann die Erkenntnis: Ich hielt die Kamera verkehrt herum vor die Maske. An Land hätte ich den Irrtum wesentlich schneller entdeckt. Nervosität oder Stress kann das wohl nicht gewesen sein. Ich arbeitete damals bereits acht Jahre als Tauchlehrerin. Es war das erste Mal, dass mir dieses Phänomen auffiel.

Tauchen macht also wirklich ein bisschen blöd. Warum? Begibst du dich, als Pseudofisch ausgestattet, unter Wasser, wird dein Landlebewesengehirn mit fremden Eindrücken überhäuft. Unter Wasser zu atmen ist eine Aktion, die dich eigentlich das Leben kosten würde. Die waagrechte Lage in einem dreidimensionalen Raum ist für dein Gehirn eine Utopie, die es nur aus Träumen kennt. Noch nicht einmal deinen Augen und Ohren kannst du trauen, denn du siehst im Wasser alles größer und näher, die Akustik nimmst du verzerrt wahr. Auch der Widerstand des dichten Elements, die visuellen Wahrnehmungen neuer Lebensformen, Farben und Lichtspiegelungen, ja selbst das Blubbergeräusch deiner Luftblasen lassen sich in deinen bisher erworbenen Erfahrungsschatz nur langsam einordnen. Alle Sinneswahrnehmungen werden über Nervenbahnen zum Gehirn geleitet. Bei dem Überschwang von ungewohnten Reizen, die während des Tauchens die Nervenbahnen passieren, ist es nicht verwunderlich, dass es zu Staus kommt. Gedankenimpulse, die unter normalen Bedingungen in Bruchteilen von Sekunden auf den Nervenbahnen dahinrasen, kommen nur stockend voran. Jeder Taucher kann selbst ausprobieren, wie langsam sein Verstand arbeitet, wenn er unter Wasser versucht, zu lesen oder Rechenaufgaben zu lösen.

Wasserscheue Taucher, ein Paradox?

Tauchen ist ein Wassersport, und im Wasser wird man nass. So klar, wie die Aussage scheint, ist sie gar nicht. Viele Taucher sind keine „Wasserratten". Einige Taucher sind sogar ausgesprochen wasserscheu. Warum ertragen sie dann diese nasse Angelegenheit freiwillig?

Die Antwort ist: Das unangenehme Empfinden von Nässe spüren wir nur in Verbindung mit der Luft. Lediglich die Zeit vor dem kompletten Eintauchen und nach dem Auftauchen fühlen wir uns richtig nass. Ein weiterer Punkt, der so manchen Wasserscheuen vom Tauchen überzeugt ist: Augen und Nase sind durch die Maske vor dem Wasser geschützt.

Viele Taucher, nicht nur Tauchanfänger, empfinden das Tauchen ohne Maske als unangenehm. Sie betrachten Übungen, die ohne Maske durchgeführt werden, als notwendiges Übel, das man mit zusammengekniffenen Augen und gerümpfter Nase irgendwie überstehen muss, um notfalls Wasser aus der Maske zu blasen, vor allem aber, um seinen Tauchschein zu bekommen.

Nicht selten erklären mir Taucher vor dem Checktauchgang: „Maske ausblasen ist kein Problem. Aber eines sage ich dir, ganz nehme ich meine Maske nicht ab!" Oder ein Anfänger springt bei der ersten Übungsstunde im Wasser auf: „Ich hasse es, ohne Maske zu tauchen!" Gewöhnlich antworte ich darauf: „Dann üben wir ohne Maske, bis es dir Spaß macht." Die meisten Taucher, noch damit beschäftigt, den Schwall Salzwasser auszuschnäuzen und

sich die Augen zu reiben, halten meine Aussage dann für reinen Sarkasmus. Dabei ist das mein voller Ernst. Jeder kann in kurzer Zeit (manchmal in weniger als einer halben Stunde) lernen, seine Scheu vor dem Wasser zu verlieren. Die einzige Voraussetzung ist: Er muss es wollen.

Gut, es ist durchaus möglich, dass du manche Übungen als unangenehm betrachtest, sie aber trotzdem beherrschst. Ich lasse auch das Argument gelten: „Es kommt doch nur selten vor, dass man unter Wasser die Maske verliert". Trotzdem, es können immer wieder Situationen beim Tauchen auftreten, bei denen dir Wasser in Augen, Mund oder Nase gerät. Versuchst du nun, diese Situationen so gut wie möglich zu vermeiden, verspannst du unwillkürlich deine Gesichtsmuskeln. Ist dir zum Beispiel der Gedanke, einen Schluck Salzwasser in den Mund zu bekommen, zuwider, wirst du deine Zähne fester zusammenbeißen und mit deinen Lippen das Mundstück krampfhafter umschließen. Findest du Wasser um die Nase abscheulich, wirst du das Gesicht verziehen, wenn etwas Wasser in deine Maske dringt. Das hat dann wiederum zur Folge, dass noch mehr Wasser eintritt. Magst du ohne Maske nicht mit offenen Augen tauchen, presst du die Augenlider zusammen und verkrampfst alle deine Gesichtsmuskeln.

Auch wenn du mit einer negativen Einstellung zum Wasser in der Lage bist, während des Tauchkurses oder eines Checktauchganges deine Maske auszublasen oder gar eine Zeit ohne Maske zu schwimmen, so sieht die Sache ganz anders aus, wenn du dich in einer wirklichen Notsituation befindest. Körperliche Verspannungen begünstigen immer psychischen Stress. Das muss nicht zwangsläufig heißen, dass du den Ernstfall nicht meistern könntest. Bessere Chancen, notfalls richtig zu reagieren, hättest du allerdings mit einem entspannten Körper und einer positiven Einstellung zum nassen Element.

> Wasserscheu ist eine Lebenseinstellung und kein unabänderlich festgelegtes Verhaltensmuster. Hast du dich für den Tauchsport entschieden, solltest du auch versuchen, eine positive Einstellung zum Wasser zu gewinnen.

Wassergewöhnung

Salzwasser ist keine Köstlichkeit. Einen Schwall Wasser durch die Nase einzuziehen ist ein unangenehmes Gefühl. Ohne Maske sehen wir unter Wasser alles verschwommen und manchmal brennen die Augen ein wenig. So richtig schrecklich wird das alles aber nur, wenn du dich gegen das Wasser sträubst und du deiner Imagination erlaubst, Qualen heraufzubeschwören, die nicht vorhanden sind. Erforschst du hingegen freiwillig und bewusst das Element, wirst du feststellen, dass es dir wenig anhaben kann.

Wie kannst du dich bewusst an das Wasser gewöhnen?

1. Nimm einen Schluck Salzwasser, spüle deinen Mund damit durch und spucke ihn wieder aus! Konzentriere dich auf den Geschmack und darauf, wie er sich langsam verflüchtigt! Beim

zweiten Schluck wirst du feststellen, dass der Salzgeschmack schon weniger intensiv ist.

2. Als nächstes nimmst du unter Wasser deinen Automaten aus dem Mund. Öffne deinen Mund weit, lasse dabei langsam Luft entweichen! So kannst du kein Wasser in den Mund bekommen. Um einzuatmen, stecke den Automaten wieder in den Mund. Dann nimm ihn wieder heraus. Diesmal ziehst du jedoch bewusst Wasser ein und stößt es wieder aus, indem du ausatmest!

Wiederhole das immer wieder, während des Tauchkurses oder während eines Tauchganges, bis es zur Spielerei wird und keine lästige Übung mehr darstellt. Was geschieht, wenn du dich verschluckst? Dann musst du husten. Das kannst du unter Wasser genauso wie an Land. Probiere es aus!

3. Wesentlich mehr Überwindung wird es dich kosten, wenn ich dich auffordere, freiwillig Wasser durch die Nase einzuziehen. Schon der Gedanke daran wird dich womöglich in Schrecken versetzen. Tu es trotzdem! Es ist wirklich halb so schlimm, und vielleicht wird dich diese kleine „Quälerei" einmal vor einer Panik mit schweren Folgen bewahren können.
Versuche, mit so wenig Abscheu wie möglich Wasser durch die Nase einzuziehen. Was passiert? Konzentriere

dich auf das Brennen in deiner Nase. Ist es wirklich unerträglich? Nein, höchstens etwas unangenehm. Nimm bewusst den Schmerz wahr, wie er kommt und wie er bald wieder verschwindet. Was geschieht dann? Du hast den Drang, das Wasser auszuschnäuzen. Tu es.

4. Probiere das gleiche mit Tauchausrüstung im Flachwasser. Nimm die Maske ab und zieh Wasser durch die Nase ein. Konzentriere dich auf dein Befinden! Stelle fest, dass du unter Wasser genauso gut schnäuzen kannst wie über Wasser. Solltest du dich dabei verschlucken, huste! Es gibt also keinen Grund aufzutauchen oder gar in Panik zu geraten, nur weil du Wasser in der Nase hast. Sicher wirst du diese Lektion freiwillig nicht sehr oft ausführen. Das ist auch nicht nötig. Wichtig ist, dass du bewusst wahrgenommen hast, wie der Schmerz kommt, nur kurz anhält und wieder geht. Du weißt, was dich erwartet, wenn dir Wasser in die Nase gerät.

5. Nimm unter Wasser die Maske ab und öffne die Augen. Entspanne deine Gesichtsmuskulatur und beobachte, was du dabei empfindest.
Viele Menschen scheuen sich, beim Schwimmen Wasser in die Augen zu bekommen. Entweder halten sie den Kopf steif aus dem Wasser gestreckt oder sie kneifen die Augen zu, wenn sie mit dem Kopf untertauchen. Der

Grund ist ersichtlich: Salz- und Chlorwasser brennen in den Augen, Süßwasser erzeugt zumindest ein unangenehmes dumpfes Gefühl im Auge. Das konnte jeder feststellen, wenn er trotz aller Vorsichtsmaßnahmen einen Spritzer Wasser in die Augen bekam. Kein Wunder, dass auch viele Tauchanfänger sich zunächst fürchten, unter Wasser die Augen offen zu halten. Dabei ist diese Furcht völlig unbegründet, denn Wasser irritiert die Augen nur in Verbindung mit Sauerstoff. Wenn die Augen ganz unter Wasser sind und keine Luft an sie heran kommt, brennt es nicht. Solltest du am Anfang Schwierigkeiten haben, die Augen unter Wasser zu öffnen, dann frage dich, ob es nicht nur deine Erwartungshaltung ist, die dir eingibt, du könntest Wasser an den Augen nicht ertragen. Immerhin hat dein Unterbewusstsein über Jahre hinweg Wasser mit brennenden Augen assoziiert.

Gelegentlich kann es allerdings vorkommen, dass dir unter Wasser tatsächlich die Augen ein wenig brennen. Dafür gibt es verschiedene Ursachen: Entweder ist dir aufgewirbelter Sand, Schwebeteilchen oder eine Luftblase ins Auge geraten oder du hast dein Gesicht vor dem Tauchen mit Sonnenschutzmittel oder Hautcreme eingerieben, die dir nun in die Augen fließen. Dann blinzele oder schließe hin und wieder kurz die Augen. Auf jeden Fall solltest du es vermeiden, vor dem Tauchen dein Gesicht mit Creme oder Öl einzureiben,

denn das brennt nicht nur in den Augen, sondern lässt auch die Maske undicht werden.

Warum sollst du beim Tauchen ohne Maske überhaupt die Augen öffnen? Die Gründe liegen auf der Hand: Verlierst du deine Maske (zum Beispiel weil das Maskenband gerissen ist oder ein anderer Taucher sie dir versehentlich vom Gesicht getreten hat), musst du in der Lage sein, deine Maske wiederzufinden oder deinen Tauchpartner auf dein Problem aufmerksam zu machen. Im Blindflug geht das schlecht. Außerdem fühlst du dich mit geöffneten Augen sicherer. Als Mensch ist das Sehen nun einmal dein wichtigster Sinn. Dein Sehvermögen ist im Wasser ohne Maske zwar stark beeinträchtigt, aber verschwommene Umrisse zu erkennen ist besser, als ganz im Dunkeln zu sitzen.

Panik

Angst kann das Sprungbrett zur Panik sein, ist aber keineswegs mit ihr identisch. Hat jemand Angst, schlägt sein Herz schneller, sein Atem wird hektisch, er verkrampft sich, vielleicht zittert er. Aber er ist klar im Kopf und kann vernünftige Entscheidungen fällen. Panik lässt den Verstand stillstehen. Sie kennt nur zwei Wege des Handelns: Lähmung oder Flucht.

Beim Tauchen entsteht Panik meistens durch vorhandenen oder eingebildeten Luftmangel. Die Reaktion ist fast immer die Flucht zur Oberfläche. Im Prinzip wäre das nicht die dümmste Handlung, wären da nicht die physikalischen Gesetze, denen ein Taucher unter Wasser ausgesetzt ist und die bewirken, dass schnelles, unkontrolliertes Auftauchen ein großes Risiko darstellt. Manch ein Paniker begnügt sich nicht mit dem Raketenstart, sondern reißt sich auch noch die Maske vom Gesicht und den Automaten aus dem Mund. Wird der Atemreiz zu stark, kommt es vor, dass er unter Wasser einatmet. Zwar führt das nur in seltenen Fällen zum Ertrinken. Doch kann eine Portion Wasser in der Lunge zu einer Schädigung der Atemwege oder der Lunge führen.

Weitaus schlimmere Folgen können entstehen, wenn der Taucher die Luft anhält. Das führt bekanntlich zu einer Lungenüberdehnung oder gar zu einem Lungenriss. Eine weitere Gefahr beim „Fahrstuhl aufwärts" nach einem längeren Tauchgang in größerer Tiefe ist ein Dekompressionsunfall.

Oft verlaufen Paniken aber glücklicherweise glimpflich. Was jedoch immer zurückbleibt, ist eine im Bewusstsein wie im Unterbewusstsein eingeprägte Todesangst, die sich nur schwer wieder abbauen lässt.

Es gibt also einen schlechte Nachricht und eine gute. Die schlechte: Panik ist einfach Horror! Die gute: Fast jede Panik lässt sich vermeiden!

Um Panik zu vermeiden, müssen wir als Erstes wissen, wodurch sie entsteht. Es gibt verschiedene Anlässe, und zu jedem Anlass gibt es Methoden, wie du dich oder deinen Tauchpartner vor einer Panik bewahren kannst.

Panik während der Ausbildung

Anfängerkurse beginnen gewöhnlich im brusttiefen Wasser. Du musst dich ja erst einmal mit den Übungen vertraut machen. Klappt eine Übung nicht auf Anhieb, kannst du jeder Zeit aufstehen. Springst du auf, zum Beispiel, weil du dich verschluckt hast, kann man das durchaus als eine Art Panik bezeichnen. Würdest du verstandesmäßig handeln und keinem Reflex gehorchen, würdest du unter Wasser husten und dann deine Übung fortsetzen. So eine „Minipanik" in der ersten Stunde ist nicht schlimm, denn noch ehe sich die negative Erfahrung in dein Unterbewusstsein eingravieren kann, bist du schon wieder in Sicherheit.

Als nächstes wirst du deine im Flachwasser erlernten Lektionen in einer Tiefe von 2 bis 5 Metern wiederholen müssen. Ein Moment Unachtsamkeit genügt. Du atmest beim Maske abnehmen mit der Nase ein und schon bist du wie ein Blitz an der Oberfläche.

Bei solchen Anfängerpaniken kommt es nur selten zu körperlichen Schädigungen. Meistens entstehen diese Paniken dadurch, dass der Tauchschüler Wasser durch Mund oder Nase einatmet. Da er dadurch husten muss, hält er die Luft nicht an. So kann es zu keinem Lungenbarotrauma kommen.

Die Schrecksituation dauert jedoch lange genug, um massive Ängste aufzubauen. Zumal der Tauchschüler nach dem Aufstieg nicht gleich festen Boden unter den Füßen hat. Auch an der Oberfläche muss er noch eine Weile vermeintlich um sein Leben kämpfen. Es gilt, Anfängerpaniken zu vermeiden. Wie macht man das?

1. Indem du nicht nur die Technik einer Tauchübung wie Maske ausblasen oder Wechselatmung erlernst, sondern auch deine Gefühlsängste, die unweigerlich hinter jeder neuen Übung stehen, erkennst. Erkannte Gefühlsängste kannst du mit Verstand beseitigen.
2. Praktiziere nicht nur perfekte Übungen im Flachwasser! Probiere bewusst Missgeschicke aus! Was ist das für ein Gefühl, wenn du Wasser in die Nase bekommst? Wie kommst du damit zurecht, wenn dein Automat Wasser zieht? (Wie das im einzelnen geht, behandele ich in den Kapiteln über praktische Tauchübungen).

Panik durch Überatmen

Wenn du beim Joggen übertreibst, kommst du aus der Puste. Das ist kein Problem. Du gehst einfach langsamer oder setzt dich hin und ruhst dich aus. Du würdest deshalb niemals Angstzustände bekommen oder in Panik geraten.

Ganz anders ist das, wenn du tauchst. Unter Wasser arbeitet dein Verstand auf Sparflamme. Er räumt deinen Gefühlen wesentlich größeren Raum ein als in deiner normalen Umgebung. Strengst du dich körperlich beim Tauchen an, wenn du zum Beispiel gegen eine Strömung ankämpfst oder „Speedy Gonzales" zum Tauchpartner hast, braucht dein Körper mehr Sauerstoff. Dein Atem wird tiefer und schneller, bis du zu einem Punkt kommst, an dem du glaubst, dein Automat gibt nicht mehr genug Luft.

Würde nun dein Verstand so klar funktionieren wie an Land, würdest du das einzig Richtige tun, nämlich anhalten und verschnaufen. Dein Gefühl aber signalisiert bei Luftknappheit unter Wasser einfach Angst. Dabei ist das Gefühl nicht im Stande zu analysieren, woher die Angst kommt. Die Angst vor dem Ersticken vermischt sich mit der Angst, von der Strömung weggerissen zu werden oder von deinem Tauchpartner im fremden Element allein gelassen zu werden.

Das erklärt, warum viele Taucher, wenn sie aus der Puste kommen, noch eifriger versuchen ihr Ziel zu erreichen, anstatt sich auszuruhen. Natürlich führt dieses Verhalten zur Überatmung und damit unweigerlich zu Panik.

Richtiges Atmen gibt der Panik keine Chance

Da unter Wasser dein Verstand nun mal nicht der hellste ist, lass ihn über Wasser ein bisschen Vorarbeit leisten. Denke vor jedem Tauchgang bewusst darüber nach, dass deine Atmung beim Tauchen der wichtigste Faktor überhaupt ist. Deine Atmung regelt dein körperliches wie dein psychisches Wohlbefinden. Wenn du ruhig atmest, kannst du einfach nicht in Panik geraten.

Musst du gegen eine Strömung schwimmen, tu das mit Verstand. Finde einen Atemrhythmus, der dir angenehm ist. Konzentriere dich auf diesen Rhythmus. Bewege dich locker und gerade so schnell, dass sich dein Atem nicht verändern muss. (Im Kapitel über Strömungstauchen findest du noch ein paar Tipps, wie du am einfachsten und sichersten mit einer Strömung zurechtkommst.)

Panik, weil wir keine Fische sind

Manchmal kannst du auch ohne ersichtlichen Grund in Panik geraten. Du verspürst einfach eine Beklemmung, steigerst dich in deine Angst hinein und plötzlich siehst du nur noch einen Ausweg: Schnellstart nach oben. Meist passiert das in kalten, dunklen Gewässern, Grotten, Höhlen oder Wracks oder wenn du alleine tauchst – was du nicht solltest.

Eingeschränktes Sehvermögen, eingeschlossen sein, Einsamkeit – davor haben wir im tiefsten Inneren Angst. An Land haben wir mehr oder weniger gelernt, diese Ängste auch im tiefsten Inneren, sprich Unterbewusstsein, zu bewahren. Kommt zu diesen Ängsten aber noch die Erkenntnis, dass wir Menschen keine Fische sind und unter Wasser gar nicht leben können, ist unser Unterbewusstsein überfordert. Unsere Furcht tritt offen zu Tage. Wie kannst du gegen eine grundlose Panik ankommen?

Taste dich langsam an Situationen heran, vor denen du Angst hast. Bleibe in einem kalten, dunklen See solange im flacheren Wasser, bis du dich wirklich wohl genug fühlst, um tiefer zu gehen. Ängste vor Grotten und Überhängen lassen sich gut mit der Hilfe eines einfühlsamen Tauchpartners bezwingen. Tauche nicht in Höhlen oder in Wracks, wenn du darin Beklemmungen bekommst! Das ist nun mal nicht Jedermanns Sache. Tauche nicht allein!

Bekommst du trotz dieser Vorsichtsmaßnahmen Beklemmungen, zeige es deinem Tauchpartner frühzeitig an, nicht erst, wenn du kurz vor der Panik stehst. Beendet notfalls den Tauchgang.

Panik in der Tiefe

Die meisten schwerwiegenden Unfälle durch Panik passieren jedoch nicht den Tauchanfängern oder ängstlichen Tauchern. Ganz im Gegenteil: Überwiegend sind es die „Profis", nicht selten Tauchlehrer, die das Tauchen in der Statistik als gefährliche Sportart an die Spitze treiben.

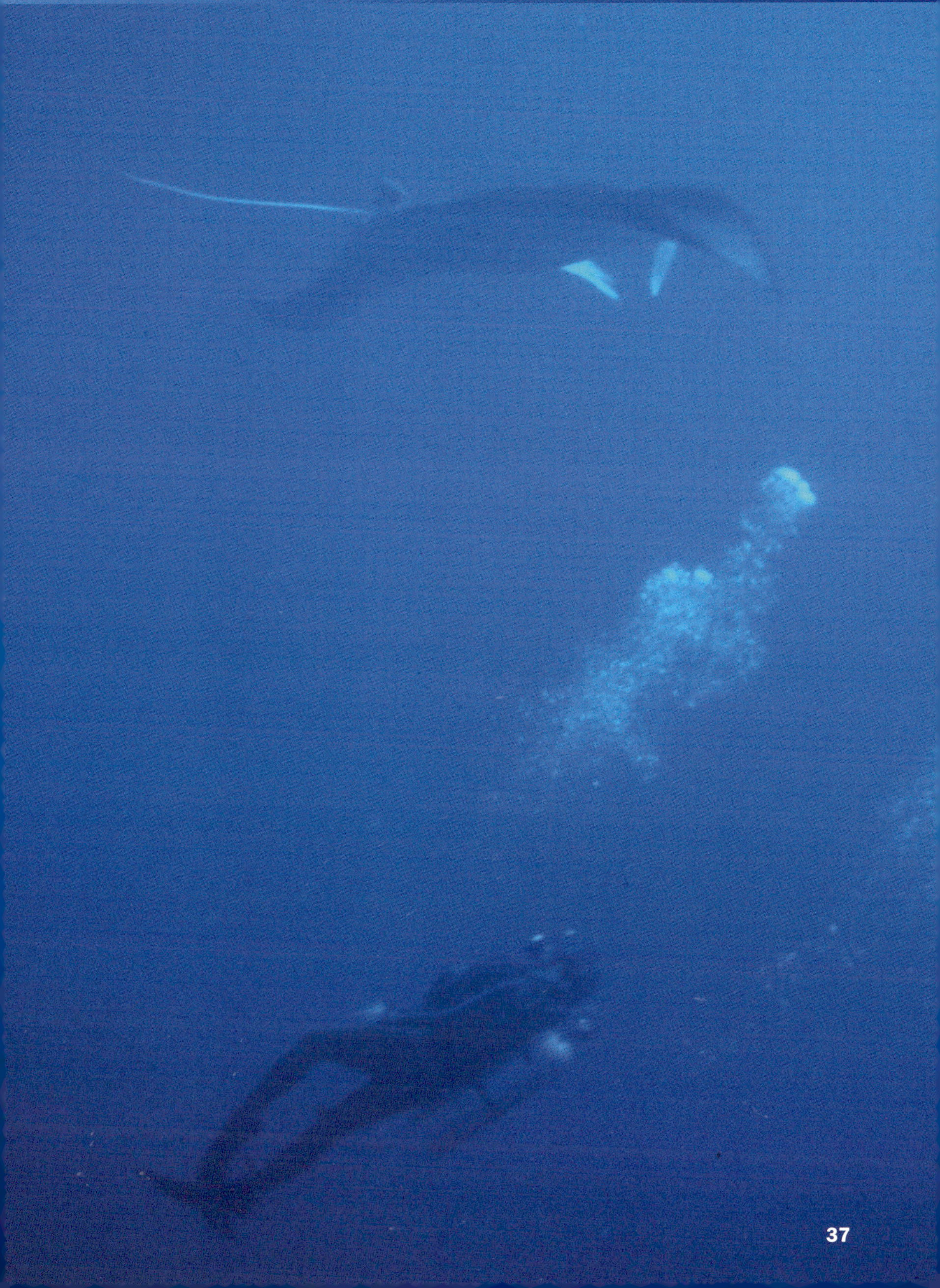

Der „Profi" mit 1000 Tauchgängen wird kaum in Panik geraten, wenn er Wasser in die Nase bekommt oder gegen eine Strömung ankämpft. Er hat kein Herzklopfen mehr, bevor er ins Wasser springt. Sein Verstand weiß ja: Tauchen ist schön! Da passiert schon nichts. Das Unterbewusstsein ist auch schon so weit trainiert, dass es ihn als Pseudofisch akzeptiert, sobald er den Automaten in den Mund steckt. Ängste, die zu Beginn des Taucherdaseins vorhanden waren, sind weitgehend abgebaut. Oft auch die Verstandesängste, die auf real existierende Gefahren beruhen. Tauchen ist zur Routine geworden.

Unser Profi traut sich immer mehr zu, geht tiefer, macht vielleicht hin und wieder einen Dekotauchgang. Wie bei anderen Sportarten wird er mit zunehmender Sicherheit in Versuchung geraten, seine Grenzen auszutesten. Aber gerade dabei unterscheidet sich Tauchen von anderen Sportarten. Beim Skifahren, Bergsteigen oder Marathonlauf sind es der Körper und die Willenskraft, die Grenzen setzen, beim Tauchen sind es die physikalischen und physiologischen Gesetze.

Ab etwa 40 Meter Tiefe kann bei jedem Taucher, egal ob Anfänger oder Profi, ein Tiefenrausch auftreten. Der Tiefenrausch ist für jeden Taucher eine unberechenbare Größe, denn er ist von der körperlichen und seelischen Tagesverfassung sowie äußerlichen Faktoren, wie schlechte Sicht, Kälte etc., abhängig. Der Verstand wird beim Tiefenrausch auf ein Minimum gedrosselt. Es kann sogar zeitweilig zum totalen Blackout kommen. Die Palette der Empfindungen reicht von Euphorie über Halluzinationen bis zum Horrortrip, dem idealen Nährboden für eine Panik. Da braucht ein Taucher nur in einem lichten Moment auf seinen Tiefenmesser zu schauen und feststellen, dass er immer tiefer sinkt, weil er in seiner schwebenden Glückseligkeit vergessen hat zu tarieren. Ein anderer reißt sich vielleicht den Automaten aus dem Mund, da er glaubt, er sei ein Fisch.

Ein Panikaufstieg aus größeren Tiefen endet oft mit schweren körperlichen Schädigungen (Lungenbarotrauma, Dekompressionskrankheit) oder dem Tod.

Das erhöhte Risiko beim Tieftauchen lässt sich durch eine vorsorgliche Verhaltensweise verringern, ausschließen lässt es sich nie. (Im Kapitel über Tieftauchen gebe ich den „Tiefengeiern" ein paar Tipps, wie sie in ihrer Unvernunft etwas vernünftiger sein können.)

> Die einzige Maßnahme, die hundertprozentig vor einer Panik im Tiefenrausch schützt, ist: Flossen weg vom Tieftauchen!

Ein Tauchgang in geringeren Tiefen macht ohnehin mehr Spaß. Es gibt meistens mehr zu sehen, das Licht ist besser und dir bleibt mehr Zeit, deinen Tauchgang zu genießen.

Partnerschaftliches Tauchen, die beste Waffe gegen Panik

Versuche nicht, mit deinem Tauchpartner oder der Gruppe Schritt zu halten, wenn

Partnerschaftliches Tauchen ist die beste Waffe gegen Panik.

dir das Tempo unbehaglich ist. Beim Tauchen richtet man sich immer nach dem schwächsten Mitglied der Gruppe. Bist du das schwächste Mitglied, gib es zu! Das ist keine Schande.

> Ein guter Taucher ist nicht der, der am schnellsten ums Riff kommt oder der am tiefsten taucht. Ein guter Taucher ist der, der für sich selbst und für seinen Partner verantwortungsbewusst handelt.

Zeige beizeiten an, wenn es dir zu schnell wird. Ist dein Partner schon weiter entfernt und du merkst, du kommst aus der Puste, halte an. Ein guter Partner wird sich nach dir umdrehen und feststellen, dass du nicht hinterherkommst. Tut dein Partner das nicht, bist du ohne ihn sowieso besser dran. Solltest du deinen Tauchpartner aus den Augen verlieren, bleibe ruhig. Verschnauf erst einmal. Schwimme langsam in die Richtung, in die er entschwunden ist. Wenn du ihn nach einer kurzen Weile nicht wieder findest, mache dich langsam an den Aufstieg. Dieses Verhalten sollte vor dem Tauchgang abgesprochen werden.

Partnerschaftliches Tauchen ist die beste Waffe gegen Panik. Beobachte deinen Tauchpartner. Wer den Tauchgang führt, ist verantwortlich dafür, dass das Team zusammenbleibt. Wenn du merkst, dein Partner ist unsicher oder ängstlich, nimm ihn am besten an die Hand. Spürst du selbst Angst bei dir aufsteigen, zeige es deinem Partner an. Auch Männer sollten sich nicht genieren, Händchen zu halten, wenn Not am Mann ist.

Du bist ein Tauchpartner

Tauche nie allein! Früher galt dieser Satz als oberstes Gebot des Tauchevangeliums. Solotaucher galten nicht als Helden oder Könner, sondern als verantwortungslose Außenseiter. Heute wird immer öfter diskutiert, ob diese Regel überhaupt noch sinnvoll ist. Was hat sich verändert? Diese Frage lässt sich mit zwei Worten beantworten: die Technik.

Mensch und Technik

Vor zwanzig Jahren war der Octopus völlig unbekannt. Finimeter waren eine Seltenheit. Man verließ sich auf die Reserveschaltung, deren Versagen eher die Regel als die Ausnahme darstellte. Aufstieg unter Wechselatmung war demzufolge keine Beschäftigungstherapie im Anfängerkurs. Sie war ein üblicher Bestandteil des Tauchgangs.

Als Auftriebshilfen kamen die Rettungs- und Tarierwesten, die sogenannten „Klodeckel", neu auf den Markt. Im sicherheitsorientierten Trend waren oft Tauchlehrer und Assistenten damit ausgestattet. Nicht so der überwiegende Teil der Taucher, Tauchschüler schon gar nicht. Tariert wurde mit dem Mund. Die ersten Inflator wurden als „Rentnerlift" verschrien und als unsportlich empfunden. Tauchcomputer standen als Utopie noch weit in den Sternen.

Damals konnte sich kein Taucher auf seine Ausrüstung hinreichend verlassen. Der Tauchpartner war die größere Sicherheitskomponente. Der Grundsatz: „Du musst deinen Tauchpartner im ausgeatmeten Zustand erreichen können", war keine leere Floskel. Die meisten Taucher hielten sich daran, zumindest bemühten sie sich darum.

Heutzutage bietet der Fortschritt der Ausrüstungsindustrie immer mehr Möglichkeiten, Risikoquellen auszuschließen. In unserer Hightech-gläubigen Zeit suchen Sporttaucher oft allein in der Technik ihre Lebensversicherung. Die Tauchutensilien können nicht aufwändig und teuer genug sein, schließlich geht es um das eigene Leben. Dagegen ist im Prinzip nichts einzuwenden, solange man nicht die Technik in den Vordergrund schiebt und das menschliche Wesen mit seinen Fähigkeiten, Gedanken und Gefühlen außer Acht lässt. Tauschst du technische Perfektion gegen dein Selbstvertrauen, Verantwortungsgefühl und einen umsichtigen Tauchpartner ein, hast du ein schlechtes Geschäft gemacht. Denn die teuerste Technik hilft wenig, wenn der Mensch versagt. Du solltest auch die Urangst des Menschen vor dem Alleinsein nicht unterschätzen, stehst du in dem dir lebensfeindlichen Element plötzlich einer realen oder eingebildeten Gefahr gegenüber.

Das Tauchteam

Zwar ist Tauchen im Team immer noch „in". Nur frage ich mich, besonders bei vielen erfahrenen Tauchern, die ich beobachten konnte, ob sie den Sinn des Satzes „Tauche nie allein" überhaupt begriffen haben. Ein Tauchpartner zu sein heißt nicht, zur gleichen Zeit ins Wasser zu springen und, so das Schicksal will, gemeinsam wieder aufzutauchen. Zusammen tauchen ist nur sinnvoll, wenn die Tauchpartner sich gegenseitig so viel Aufmerksamkeit entgegenbringen, dass sie bei einem unvorhergesehenen Zwischenfall sofort eingreifen können.

Gerade bei guten Sichtverhältnissen nützt es wenig, seinen Buddy noch zu sehen, denn das können 30 oder 40 Meter Entfernung sein. Die Regel, so nah bei seinem Partner zu bleiben, dass man ihn im ausgeatmeten Zustand erreichen kann, hat immer noch einen hohen Stellenwert.

Die kritischsten Phasen bei einem Tauchgang sind Ab- und Aufstieg. „Wir treffen uns unten am Anker." Eine solche Vereinbarung sollte, wenn überhaupt, nur bei klarer Sicht und in strömungsfreiem Gewässer getroffen werden.

Richtig und sicher ist es, sich zunächst an der Oberfläche zu treffen, zu warten, bis bei jedem Mitglied der Gruppe alles in Ordnung ist und dann gemeinsam unter Sichtkontakt abzutauchen. Das gilt ganz besonders bei Strömungstauchgängen.

Defekte an der Ausrüstung bemerkt man am häufigsten beim Abtauchen. Außerdem könnte dein Partner Probleme mit dem Druckausgleich haben. Denk darüber nach, wie sich ein Tauchkamerad fühlt, wenn ihm auf 3 Meter die Trommelfelle zu platzen scheinen und er dich nur noch im Blauwasser verschwinden sieht.

Auch Fotografen und Filmer sollten sich während des Abstiegs auf den Partner konzentrieren. Erst wenn das Riff oder der Grund sicher erreicht sind, kann die „Jagd" beginnen. Aber auch dann sollte das Wohl des Tauchkameraden wichtiger sein als ein paar gute „Schüsse".

„Was, du bist schon auf Reserve? Na dann, tschüß!" So geht das nicht! Gerade der Aufstieg ist der Risikobereich des Tauchens schlechthin (Barotrauma, Dekompression). Die Aussicht, alleine an der Oberfläche zu treiben, wenn das Tauchboot oder der Ausstiegspunkt als Fleck in weiter Ferne erscheint, ist auch nicht gerade erbaulich. Zudem kann einem „Schnellatmer" die Reserveluft beim Aufstieg ausgehen. Ist ein Taucher auf Reserve, während die restliche Gruppe noch Luft hat, muss man gemeinsam höher gehen und den Sicherheitsstopp einhalten. Sind mit Gewissheit das Boot oder der Ausstiegspunkt nahe und die Bedingungen gut, können die anderen Taucher den Tauchgang fortsetzen. Sie sollten aber ihren Kameraden beobachten, bis er die Oberfläche erreicht hat. Im Zweifelsfall sowie bei hohem Wellengang oder starker Strömung darf kein Taucher alleine hochgeschickt werden.

In einem Tauchteam richtet man sich stets nach dem Schwächsten. Der Schwächste muss aber den Mut aufbringen, seine Grenzen einzugestehen. Zeige deinem Partner klar und deutlich an, falls dir das Tempo zu schnell ist, du Beklemmungen an Überhängen, Höhlen oder Wracks verspürst oder dir irgendetwas Angst einjagt.

Gerade der Aufstieg ist ein Risikobereich. Dabei sollte man den Partner nicht allein lassen.

Zwischen den Tauchpartnern muss ein Vertrauensverhältnis herrschen. Es darf keine Rivalität aufkommen. Gedanken wie: „Dem beweise ich, dass ich der bessere Taucher bin. Ich kann schneller, tiefer, länger." weisen eher auf ein gestörtes Selbstwertgefühl hin als auf sportliche Stärke.

Tauchen mit „Frischlingen"

Selbstverständlich ist Tauchpartner nicht gleich Tauchpartner. Ein Tauchfrischling, dessen Stempel auf dem Tauchbrevet noch feucht ist, wird nur selten in der Lage sein, eine kritische Situation richtig zu beurteilen oder optimal zu handeln. Er hat noch viel zu sehr mit sich selbst und der ungewohnten Umgebung zu tun. Auch nach einem bestandenen Anfängerkurs

gehört der Neuling unter die Obhut eines sehr erfahrenen Tauchpartners.

Wie viel Tauchgänge jemand braucht, um ein „vollwertiger" Tauchpartner zu sein, ist individuell sehr verschieden. Es hängt auch vom Schwierigkeitsgrad des Tauchgangs ab. Ein Taucher, der sich im ruhigen Wasser schon sehr gut fühlt und eventuell in einem Notfall richtig reagieren würde, mag bei starker Strömung überfordert sein. Jeder, egal ob Tauchlehrer oder Hobbytaucher, der sich bereit erklärt, einen Frischling unter seine Fittiche zu nehmen, muss sich der Verantwortung bewusst sein, die er eingeht. Einem unerfahrenen Taucher musst du etwa die gleiche Aufmerksamkeit entgegenbringen wie einem Kleinkind auf einer verkehrsreichen Straße. Erwarte nicht, dass jemand bei seinen ersten Tauchgängen auf einen unvorhergesehenen Zwischenfall logisch reagiert oder dir als erfahrenem Taucher beisteht. Auch nicht, wenn er alle Notfälle im Pool oder Flachwasser „cool" gemeistert hat.

Du musst deinen Frischling nicht nur ständig im Auge behalten. Fühle dich in ihn hinein, in seine Empfindungen und Ängste. Deute rechtzeitig Veränderungen in seinem Verhalten. Greif ein, bevor eine Bagatelle zum Unheil wird. Nimm ihn gegebenenfalls an die Hand! Erhöhe nicht durch Ungeduld und Leistungsdruck die psychische Belastung deines Schützlings.

Nicht jeder Mensch ist ein geborener „Babysitter". So hat auch nicht jeder Taucher – leider auch nicht jeder Tauchlehrer – das „Feeling", um auf einen Anfänger einzugehen. Das ist keine Schande, es gibt andere Talente.

Nur sollte niemand, der diese Fähigkeit nicht besitzt, das Leben eines anderen Menschen in seine Hände nehmen. Ein unsensibel geführter „Hau-ruck-Tauchgang" kann bei einem Tauchanfänger nicht nur Ängste erzeugen, die er schwer wieder los wird. Im Falle einer Panik kann er ihm schwere körperliche Schäden zufügen oder ihn in Lebensgefahr bringen.

Tauchen mit „Frischlingen" erfordert vom
Partner viel Einfühlungsvermögen.

Sind Frauen die besseren Taucher?

Früher einmal galt Tauchen als ein Sport für harte, starke Männer. Dass diese irrige Meinung schon lange überholt ist, brauche ich wohl nicht zu betonen. Ich will aber noch etwas weiter gehen und behaupten, dass Frauen in mancher Hinsicht von Natur aus besser für den Tauchsport ausgestattet sind als Männer.

Luftverbrauch unter Wasser

Frauen verbrauchen weniger Luft. Nicht nur, wie oft angenommen, weil sie kleinere Lungen haben, sondern auch, weil sie anders atmen. Viele Frauen atmen beim Tauchen automatisch nur im oberen Bereich ihrer Lunge, wohingegen Männer meist tief in den Bauch hineinatmen. Das heißt, sie füllen einen größeren Bereich ihrer Lunge. Deshalb brauchen sie wesentlich mehr Luft.

Hierzu eine interessante Theorie: Während einer Schwangerschaft bleibt einer Frau immer weniger Platz im Bauchraum, um mit dem unteren Lungenbereich zu atmen. Instinktiv atmet sie dann nur noch im oberen Bereich der Lunge. Dieser Reflex beschränkt sich aber nicht nur auf schwangere Frauen. Bei vielen Frauen genügt es schon, wenn sie sich eingeengt fühlen, etwa durch den Neoprenanzug, Blei- oder Gerätegurt. Versuche mit Säuglingen haben ergeben: Legt man Mädchen etwa eine dickere Decke auf den Bauch, beginnen sie flacher, also im oberen Bereich der Lunge zu atmen. Jungs hingegen atmen normal weiter.

Es gibt aber auch ein paar sehr sparsame Atmer unter den Männern, wobei das nicht von der Körperstatur oder dem Lungenvolumen abhängt. Es ist einzig und allein auf die Atemtechnik zurückzuführen. Zwar braucht ein größerer Körper mehr Sauerstoff als ein kleinerer. Da wir aber unter Wasser ohnehin meist mehr Luft einatmen, als unser Körper eigentlich braucht, fällt die Statur eines Tauchers beim Luftverbrauch kaum ins Gewicht. Wenn Männer viel Luft verbrauchen, liegt das also nicht an einem 7-Liter-Lungenvolumen, sondern daran, dass sie eine „Sparatemtechnik" erst erlernen müssen, die bei Frauen instinktiv vorhanden ist.

Bewegung ohne Kraftaufwand

Aber nicht nur bei der Atmung, auch bei der Bewegung unter Wasser haben Frauen Vorteile. Ich habe mehr Frauen als Männer ausgebildet, die sich von Anfang an perfekt im Wasser bewegten, obwohl sie vorher nie mit Flossen geschwommen sind. Die meisten Männer müssen sich einen ästhetischen und effektiven Schwimmstil erst aneignen.

Dieser Vorteil kann allerdings zunichte gemacht werden mit der ebenso weitverbreiteten wie irrigen Ansicht, Tauchen sei ein Leistungssport, zu dem man Kraft brauche. Versucht nun eine Frau, mit Kraft hinter einem Mann herzuhetzen, zieht sie mit ihrer schwächeren Muskulatur selbstverständlich den Kürzeren. Ein effektiver Schwimmstil hingegen bedeutet, mit so

Frauen verbrauchen oft weniger Luft als Männer. Das liegt nicht nur am kleineren Lungenvolumen.

wenig Kraft wie möglich so weit wie nötig zu kommen.

Wenn wir an Land schnell von einem Punkt zum anderen wollen, müssen wir zügig und kraftvoll ausschreiten oder gar laufen. Machen wir jedoch beim Tauchen schnelle Bewegungen mit angespannten Muskeln, haben wir gegen den Widerstand des Wassers anzukämpfen. Dabei vergeuden wir unsere Energie. Bleiben unsere Muskeln aber locker und wir bewegen uns mit ruhigen, weiten Flossenschlägen, können wir uns in das Wasser einfügen. Mit der richtigen Technik kommen wir rasch und kräftesparend voran. Das kannst du sogar in der Badewanne ausprobieren. Stell dich vor die Wanne, ziehe zunächst deine Hand schnell und kraftvoll durch das Wasser. Du kannst deutlich den Widerstand spüren. Dann versuche es weich und ruhig. Mit geschlossenen Augen und etwas Phantasie kannst du dir vorstellen, wie deine Hand mit dem Wasser eins wird.

> Kämpfe nicht gegen das Wasser an, denn es ist stärker als du. Füge dich ein, werde ein Teil des Wassers.

Vor allem für aktive Sportler oder Männer, die körperlich schwere Arbeiten verrichten, ist es schwierig, sich an eine kraftlose Fortbewegung zu gewöhnen. Gewiss gibt es auch einige Frauen, die versuchen, mit Kraftanwendung vorwärts zu kommen, aber die sind in der Minderzahl.

Ursache des Hochtreibens der Beine sind verkrampfte Muskeln.

Natürlich kannst du Tauchen auch als Leistungssport betreiben. Wer von einem strengen Übungsleiter beim Hallenbadtraining durch die Bahnen gescheucht wird weiß, wie anstrengend der Tauchsport sein kann. Ein gut aufgebautes Hallenbadtraining ist jedem Taucher zu empfehlen; es bringt Kondition, Selbstvertrauen und Sicherheit. Im Freigewässer solltest du aber immer sparsam mit deiner Energie umgehen, denn eine Überanstrengung kann leicht zur Panik führen.

Das ungewollte Hochtreiben der Beine

Einen Haltungsfehler konnte ich allerdings fast ausschließlich bei Frauen beobachten, vorwiegend, wenn sie etwas füllige Oberschenkel hatten: Es ist das Hochtreiben der Beine. Liegen manche Taucherinnen bäuchlings auf den Grund oder verweilen in tieferen Wasser ohne Flossenschlag, treiben ihre Beine scheinbar ohne ihr Zutun aufwärts. Selbst mit größter Anstrengung gelingt es ihnen nicht, die Beine nach unten zu drücken. Im Tiefen, wenn sie den Oberkörper nirgends abstützen können, sehen sie nur die Möglichkeit, sich auf den Rücken zu wälzen und sich so wieder aufzurichten, um nicht „auf die Nase zu fallen".

Frauen haben mehr Fettzellen als Männer. Diese sind überwiegend an Oberschenkeln, Hüfte und Po verteilt. Fettgewebe ist bei gleichen Volumen leichter als Muskelgewebe, neigt im Wasser also zum Auftrieb. Das ist die Erklärung, warum das Hochtreiben der Beine hauptsächlich bei Frauen auftritt. Mollige Oberschenkel begünstigen das Hochtreiben der Beine, sind aber nicht die eigentliche Ursache des Problems und somit nicht unausweichliches Schicksal.

Um das Phänomen des Hochtreibens der Beine zu verstehen, musst du wissen: Verkrampfte Muskeln haben Auftrieb (siehe auch Kapitel über Tarieren). Verspannt eine Taucherin die Muskeln von Oberschenkeln und Po, schweben ihre ohnehin spezifisch leichten Beine nach oben. Dabei werden oft die Unterschenkel angewinkelt. Natürlich ist diese Haltung unbequem. Liegt die Taucherin auf dem Grund, muss sie ihr Kreuz extrem nach hinten durchbiegen. Schwebt sie im tieferen Wasser, kippt sie nach vorn. Nun beginnt der Teufelskreis. Die Taucherin versucht die Beine kraftvoll nach unten zu drücken. Dadurch verkrampfen sich ihre Beinmuskeln noch mehr, folglich treiben ihre Beine stärker aufwärts.

Ist die Wurzel des Übels erst einmal erkannt, ist es eine Kleinigkeit, es auszumerzen. Unsere Taucherin braucht sich lediglich auf die angespannten Muskelpartien zu konzentrieren und sich zu entspannen. Die angewinkelten Unterschenkel darf sie nicht abwärts drücken, denn dabei muss sie ja gegen den Wiederstand der Flossen ankämpfen, was wiederum Anspannung bedeutet. Sie braucht die Knien nur locker zu strecken, schon sind ihre Unterschenkel gerade.

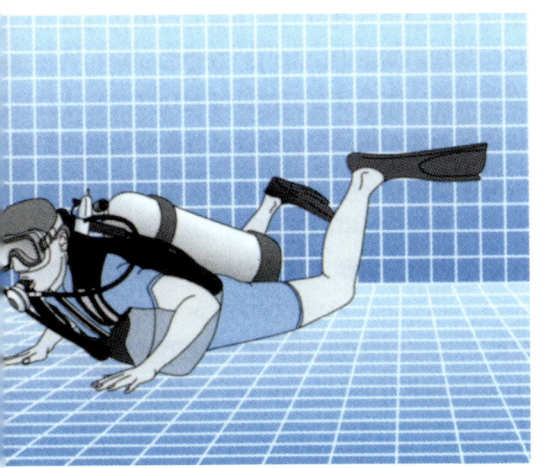

Durch Verkrampfung des Unterkörpers treiben die Beine nach oben. Liegt die Taucherin am Grund, ist ihr Kreuz extrem durchgebogen.

Schwebt die Taucherin im tiefen Wasser, „fällt sie auf die Nase", da sie hier nicht die Möglichkeit hat, den Auftrieb der Beine durch Abstützen auszugleichen.

Bewegung

Bewegung unter Wasser erfordert Umdenken

Bewegung unter Wasser erfordert Umdenken. Da du dich in einem wesentlich dichteren Element als der Luft befindest, bist du fast gewichtslos, es sei denn du bist überbleit. Diese Leichtigkeit erlaubt dir, deinen Körper so sehr zu entspannen, wie es an Land nie möglich wäre. Außerdem zwingt dich die Dichte des Elements zur Langsamkeit. Deine Bewegungen sind am effektivsten, wenn sie in Zeitlupe ablaufen. Jede schnelle, hektische Bewegung erzeugt Widerstand. Schon kleine Veränderungen deiner Körperhaltung können eine Richtungsänderung bewirken. Unbedachte Bewegungen führen dich dorthin, wo du nicht hin willst.

Wenn du zum Beispiel bei einer Übung wie Gerät ab- und anlegen umkippst und versuchst, dich abzustützen, wirst du bald feststellen, dass Wasser keine Balken hat. Das Rudern mit den Armen bringt dich nur noch mehr aus dem Gleichgewicht. Besser ist es, du bleibst locker und konzentrierst dich nur darauf, wie du dein Gerät ab- und anlegst. Kippst du dabei um, ist das nicht schlimm, im Wasser kannst du nicht fallen. Ob du dein Gerät im Knien, im Liegen oder in der Schwebe anziehst, ist eigentlich egal.

Flossen: je größer desto besser?

Meine ersten Flossen waren einfache Schwimmflossen mit geschlossenen Fußteil, drei Nummern zu groß, damit ich zusätzlich Füßlinge anziehen konnte. Ich kam damit prima zurecht. Als ich dann als Tauch-Assistentin arbeitete, musste ich manchen schiefen Blick auf meine „Entenfüße" standhalten, wenn die anderen ihre „echten" Taucherflossen, mit hartem Blatt und Fersenband, anzogen. „Wie willst du mit den Dingern hinter einem Taucher herkommen, wenn dir einer abhaut?" Immer öfter musste ich mir solche Bemerkungen anhören. Schließlich hatte ich genug. Ich schaffte mir ein Paar „Jet Fin" an (damals die gebräuchlichste unter den Taucherflossen, heute fast ausgestorben). Am Anfang fand ich es schwierig, damit überhaupt vorwärts zu kommen. Doch bald gewöhnte sich meine Muskulatur an die neuen „Treter".

Als meine Jet Fin dann nach vielen Jahren auseinander fielen, kaufte ich mir wieder „echte" Taucherflossen, obwohl ich damals schon in meiner Ausbildung „Bewegung ohne Kraft" predigte. Meinen Anfängern riet ich fürs Erste von den großen, harten Flossen ab. Als Tauchlehrer musste ich aber flotter sein als alle anderen, und das geht eben nur mit großen Flossen. Diese Meinung war so festgefahren, mir kam gar nicht in den Sinn daran zu zweifeln. Dass ich während der Tauchsaison ständig leichte Schmerzen in den Fußgelenken hatte, betrachtete ich 15 Jahre lang als normal.

Eines Tages hatte ich eine Verletzung am Fuß. Das Flossenschwimmen fiel mir schwer. Um mir etwas Erleichterung zu schaffen, zog ich ein Paar leichte Schwimmflossen an, die wir sonst für unsere Anfänger nahmen. „Für ein paar Tage werde ich mit den kleinen Flossen schon zurecht kommen", dachte ich mir. Doch welch eine Wohltat für meine Muskulatur und Fußgelenke! Und ich schien auch nicht langsamer zu sein als mit den Ungetümen von Flossen. Von diesem Tag an habe ich nicht mehr mit „echten" Tauchflossen getaucht.

Ich erzählte meiner Assistentin von meiner Erfahrung mit den „Anfängerflossen". Mein Assi, selbst jahrelang an harte Flossen gewöhnt, probierte es aus. Seitdem hängen auch ihre „echten" Taucherflossen am Nagel. Wir waren uns einig, mit den kleineren Flossen war das Tauchen nicht nur energiesparender und gelenkschonender, wir waren auch schneller.

Da wir weniger Kraft anwenden müssen, um ein kleineres, weicheres Flossenblatt zu bewegen, können wir die Beinmuskeln lockerer lassen und weitere Schläge machen. Das bringt uns schneller und energiesparender voran, als die kürzeren verkrampften Tritte mit einer großen harten Flosse.

Gut, ich behaupte nicht, dass ich mit meinen Schwimmflossen einen durchtrainierten Wettkampfschwimmer mit Megaflossen einholen könnte. Bei einem Tauchgang schwimmen wir aber langsam bis mäßig und sind nur hin und wieder zu einem etwas schnelleren Sprint gezwungen. Dafür reichen auch die kleineren Flossen völlig aus.

Tauchen
in der Praxis

Druckausgleich

Sobald wir wenige Meter abtauchen, spüren wir einen Druck am Trommelfell. Der Grund: Durch den Überdruck von außen wölbt sich das Trommelfell nach innen. Damit der Druck nicht stärker wird, wir Schmerzen bekommen und uns letztlich das Trommelfell platzt, müssen wir den Druckausgleich in den Ohren durchführen.

Im Allgemeinen halten wir uns die Nase zu und versuchen, durch die Nase auszuatmen (was natürlich nicht geht). An Land müssten wir dabei ein leichtes Knacken in den Ohren vernehmen. Unter Wasser sollte nach diesem Druckausgleich das Druckgefühl verschwinden.

Hat ein Taucher eine Erkältung, kann die

Eustachische Röhre verstopft sein und so einen Druckausgleich nicht zulassen. Das wusste ich, als ich anfing, Taucher auszubilden. So diagnostizierte ich fast bei jedem dritten meiner Schüler eine Erkältung und schickte sie aus dem Wasser. Verwunderlicherweise fühlten sich alle an dieser seltsamen Epidemie Erkrankten ansonsten wohl. Eines Tages kam mir dann die Erkenntnis: Nicht alle Ohren funktionieren gleich. Manche Anfänger müssen erst lernen, den Druckausgleich durchzuführen.

Bei der Lektion „Druckausgleich" stehst du als Anfänger ziemlich allein da. Dein Tauchlehrer kann ja weder sehen noch fühlen, was in deinen Ohren vor sich geht. Vertraust du auch bei deinen ersten Tauchgängen auf deinen Tauchlehrer, der dich in die Tiefe führt und unbeschadet wieder nach oben bringt, ohne dass du dich mit Tauchtiefe, Zeit, Strömungsverhältnissen und Ähnlichem belasten musst, so bist du von Anfang an für deine Ohren selbst verantwortlich.

Regeln für den Druckausgleich in den Ohren

- Der Druck auf deinem Trommelfell darf nie so stark werden, dass es schmerzt. Mach den ersten Druckausgleich bereits an der Wasseroberfläche.

- Wiederhole den Druckausgleich laufend beim Abtauchen, sobald du einen leichten Druck verspürst. Du brauchst keinen Druckausgleich machen, wenn du auf gleicher Höhe tauchst oder aufsteigst.

- Lässt der Druck nicht nach, tauche auf keinen Fall tiefer! Steige 1 bis 2 Meter höher, probiere es dort erneut.

- Zeige deinem Partner oder Tauchlehrer an, wenn du Probleme mit dem Druckausgleich hast

- Klappt es auch nach mehreren Versuchen nicht, musst du auf den Tauchgang verzichten.

- Nimm vor dem Tauchen keine Nasentropfen oder -sprays. Lässt nämlich die Wirkung des Medikamentes nach, kann die Eustachische Röhre stärker zuschwellen als zuvor. Beim Auftauchen kann dann der Druck nicht mehr aus dem Mittelohr entweichen.

Tipps, wenn der Druckausgleich nicht auf Anhieb funktioniert

• Der Druckausgleich lässt sich einfacher durchführen, wenn du mit den Füßen zuerst abtauchst anstatt kopfüber.

• Vermutest du vor dem Abtauchen, du könntest Probleme mit dem Druckausgleich bekommen, zieh etwas Salzwasser durch die Nase ein und schnäuze dich kräftig.

• Auch unter Wasser hilft oft kräftiges Schnäuzen, ohne dass du die Maske absetzen musst. Halt dir ein Nasenloch zu, blase kräftig durch das andere aus. Dann andersherum. Danach versuche erneut den Druckausgleich.

• Oft drücken Anfänger beim Druckausgleich das Kinn zur Brust und bekommen dicke Backen. Das ist verkehrt. Streck den Kopf nach hinten. Blase nur leicht bis mäßig.

• Wenn die übliche Methode mit Nasezuhalten nicht funktioniert, versuche es mit Schlucken oder einer seitlichen Bewegung des Kiefers. Ich habe auch schon Taucher erlebt, die das Mundstück herausnahmen und gähnten oder ohne Automaten mit geschlossenen Mund und zugehaltener Nase den Druckausgleich durchführten.

• Bist du bereits einige Meter getaucht, bevor deine Ohren streiken, tauche einfach in der erreichten Tiefe ein Stück. Entspann dich. Probiere nach einer Weile erneut, tiefer zu gehen. Es ist nicht ungewöhnlich, wenn sich ein Ohr eher öffnet als das andere. Natürlich musst du darauf achten, dass beide Ohren offen sind, bevor du weiter absinkst.

Druckausgleichsprobleme beim Aufstieg
Gelegentlich verspürst du auch einen Druck auf dem Trommelfell, wenn du höher steigst. Das bedeutet, dass die Eustachische Röhre sich während des Tauchgangs geschlossen hat. Der Druck kann beim Aufstieg nicht schnell genug entweichen. Da hilft kein Druckausgleich, denn wir wollen ja nicht noch mehr Luft ins Mittelohr pressen, sondern den Druck loswerden. Das einzige, was in diesem Fall hilft, ist ganz langsames, schrittweises Auftauchen. Du solltest immer nur so weit aufsteigen, bis du einen mäßigen Druck, aber noch keine Schmerzen spürst. Meist hörst du dann, wie die Luft pfeifend oder

quietschend entweicht. Danach steige wieder ein wenig höher.

Manchmal kommt es vor, dass du dabei ein leichtes Schwindelgefühl wahrnimmst. Das ist kein Grund zur Panik, sondern kommt von dem Druck, der auf das Gleichgewichtsorgan, die sogenannten Bogengänge, im Innenohr einwirkt. Sowie der Druck das Mittelohr verlässt, ist auch das Schwindelgefühl verschwunden. Hast du vorher keine Nasentropfen oder -sprays verwendet, ist die Eustachische Röhre nie so fest zugeschwollen, dass der Druck überhaupt nicht entweichen kann.

Trommelfellverletzung beim Freitauchen

Ein Trommelfellriss bei einem einigermaßen vernünftigen Gerätetaucher ist eher selten. Beim Tauchen mit der Flasche haben wir genügend Zeit, den Druckausgleich durchzuführen. Der Druck steigt langsam an, und wer setzt sich schon bewusst dem großen Schmerz aus, der kurz vor einem Trommelfellriss die Regel ist?

Häufiger kommen Trommelfellverletzungen bei Tieftauchversuchen mit Schnorchel vor, vor allem, wenn ein Taucher bei einer Prüfung unter Leistungsdruck steht. Wie oft quält sich ein Prüfling die paar Meter zum Ziel, obwohl es ihm bereits in den Ohren sticht? Zeit, über das Risiko nachzudenken, bleibt beim Freitauchen nicht. Ist ein bestandenes Silber- oder Goldbrevet ein Loch im Trommelfell wert? Oder eine bessere Frage: Sind Tieftauchversuche unter Prüfungsstress überhaupt notwendig und sinnvoll? Wie gut ein Taucher im Freitauchen ist, lässt sich auch beim weitaus ungefährlicheren Streckentauchen testen. Meiner Meinung nach sollten Tieftauchversuche nur unter entspannten, zwanglosen Umständen durchgeführt werden, stets von einem Partner abgesichert.

Druckausgleich im Maskeninnenraum

Beim Tauchen musst du aber nicht nur auf deine Ohren achten, sondern auch den Druckausgleich in der Maske herstellen. Das ist kinderleicht: Du bläst einfach ein wenig Luft durch die Nase in die Maske, und zwar immer nachdem du den Druckausgleich in den Ohren durchgeführt hast.

Warum ich das Thema überhaupt erwähne? Probleme können bei dieser Kleinigkeit doch nicht auftreten. Durch die Nase ausatmen kann jeder. Tatsache ist aber: Maskenbarotraumen kommen in der Praxis häufiger vor als Trommelfellrisse. Weniger beim Anfängerkurs – schließlich weist jeder Tauchlehrer den Schüler auf den Maskendruckausgleich hin – als beim Checktauchgang. Denn der bedeutet oft: Eine längere Tauchpause. Ein fremdes Tauchrevier. Ein Tauchlehrer, den man noch nicht einschätzen kann. Eine ungewohnte Ausrüstung. Unsicherheit! Den Kopf unter Wasser, wo das Denkvermögen bekanntlich eingeschränkt ist. Unter diesen Umständen kann man durchaus etwas vergessen. Den Druckausgleich in den Ohren vergisst niemand: Schmerzende Trommelfelle erinnern rechtzeitig daran. Der Unterdruck im Maskeninnenraum tut aber nicht weh. Hat sich dann die Maske erst einmal soweit

an das Gesicht gesaugt, dass der Taucher es bemerkt, ist es oft schon zu spät. Die Blutgefäße der Bindehaut sind geplatzt. Die hässlichen roten Flecken im Weiß des Auges heilen erst nach mehreren Tagen ab. Deshalb ist es wichtig, sich schon vor dem ersten Tauchgang nach längerer Pause ganz bewusst auf den Maskenausgleich zu besinnen.

Lass außerdem die Handlungsfolge zur Routine werden, um Verletzungen zu vermeiden:

1. Druckausgleich in den Ohren.
2. Finger weg von der Maske.
3. Durch die Nase ausatmen.

Tarieren

Tarieren bedeutet, unter Wasser zu schweben, weder leichter noch schwerer zu sein als das Wasser. Diesen Zustand erreichen wir mit verschiedenen Hilfsmitteln. Für den **Abtrieb** sorgen Blei und eventuell eine Stahlflasche oder andere schwere Ausrüstungsgegenstände (z.B. Lampe). **Auftrieb** bekommen wir durch Tarierweste oder Jackett, Neoprenanzug und Ausrüstungsgegenstände, die leichter sind als Wasser (z.B. fast leere Aluminiumflasche). Unser wichtigstes und am leichtesten zu bedienendes „Tariergerät" aber ist unsere Lunge. Wir können unsere Lunge gebrauchen wie Fische ihre Schwimmblase. Atmen wir ein, vergrößert sich das Volumen unseres Körpers, dadurch verdrängen wir mehr Wasser und erlangen Auftrieb. Beim Ausatmen verkleinert sich unser Körpervolumen, somit sinken wir ab.

Tarieren nach der herkömmlichen Methode

Tarieren beginnt mit der Vergabe von Blei. In den meisten Tauchschulen, die nicht mit der Methode der natürlichen Atemtechnik arbeiten, bekommt der Anfänger so viel Blei, bis er untergeht. Im Schnitt sind das 4 Kilogramm ohne Neopren. Schmächtige Personen bekommen 1 bis 2 Kilogramm weniger, etwas korpulentere schleppen 1 bis 2 Kilogramm mehr mit.

Bei der ersten Unterrichtsstunde im flachen Wasser oder im Schwimmbecken ist das auch kein Problem. Tiefer als bis zum Grund oder Beckenboden geht es ja nicht. Im Gegenteil, ein überbleiter Anfänger hat eine stabilere Lage, tut sich somit mit den Übungen leichter und braucht sich nicht auf seine Atmung zu konzentrieren. Aber wie atmet er? Er atmet ein (tiefer, als er es an Land tun würde), hält die Luft an, atmet nach kurzer Pause aus und zieht gleich wieder Luft ein. In der eingeatmeten Phase, die viel länger ist als die Phase mit relativ leerer Lunge, ist er richtig austariert.

Wie sieht die Sache aber nun beim ersten Tauchgang in der Tiefe aus, wenn kein fester Boden mehr da ist, der Taucher sich im Schwebezustand halten sollte und noch nicht mit dem Gebrauch der Tarierhilfe vertraut ist? Im eingeatmeten Zustand ist unser Anfänger nach wie vor richtig austariert. Atmet er jedoch aus, ist er zu schwer, sinkt ab, hat das Gefühl zu fallen. Er kann sich nur noch mit Ruderbewegung der Arme und einer senkrechten Körperhaltung auf der gewünschten Tiefe halten. Versucht er, sich mit der Lunge auszutarieren, muss er extrem viel Luft einsaugen. Die Folge ist ein verspannter Brustkorb, was wiederum zu Beklemmungen und Unbehagen führen kann.

Tarieren bei der natürlichen Atmung

Du bekommst soviel Blei, dass du, wenn du zum ersten Mal deinen Kopf unter Wasser steckst und einfach drauflos atmest, noch an der Oberfläche schwebst. Denn du hältst ja nach jedem Atemzug instinktiv die Luft an. Zeigt dir nun dein Tauchlehrer mit der Hand den richtigen Atemrhythmus an, also: ein – aus – stopp, wirst du bald auf den Grund absinken. Wichtig ist, dass du deinen Körper dabei entspannst. Ein verspannter Körper hat nämlich Auftrieb. Ein entspannter Körper wird schwer im Wasser. Das kannst du sehr gut ausprobieren, indem du dich etwa brusttief ins Wasser stellst, zunächst einen Arm ganz locker hängen lässt, danach nur die Muskeln des Unterarmes bewusst anspannst. Dein Arm wird ohne weiteres Zutun nach oben steigen.

Gewiss, es braucht etwas Zeit, sich an die natürliche Atmung zu gewöhnen. Zwischendurch findest du dich vielleicht an der Oberfläche wieder, ohne es zu wollen. Du und dein Tauchlehrer müsst eben

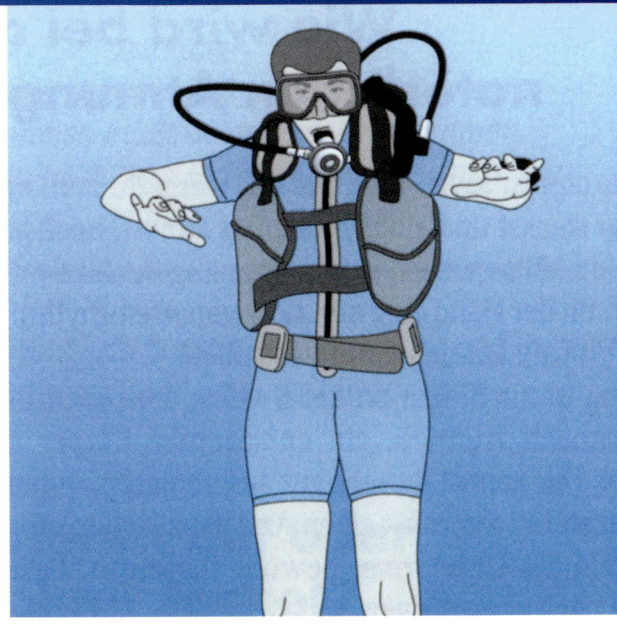

Überbleiter Taucher. Nur mit Ruderbewegungen der Arme und einer senkrechten Haltung kann er sich auf der gewünschten Tiefe halten.

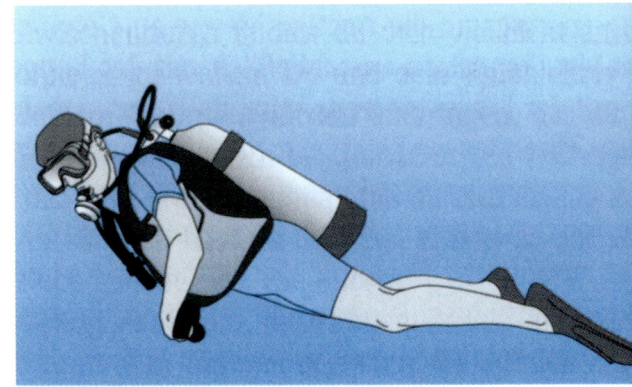

Gut tarierter Taucher im Schwebezustand.

etwas Geduld mit deinem Unterbewusstsein aufbringen. Aber das ist wie beim Autofahren, hast du dich erst einmal daran gewöhnt, geht es ohne Nachdenken ganz von selbst.

Gelingt es dir nun, so zu atmen, dass du entspannt auf dem Grund liegst, kannst du mit dem Tarieren beginnen. Da du nicht zu

Mit der natürlichen Atemtechnik kann man mit der Lunge tarieren, ohne sich aufzupusten wie ein Kugelfisch.

glaubst) und verlängerst den Stopp nach dem Ausatmen, bis du die gewünschte Tiefe erreicht hast. Auf diese Weise kannst du auch im tiefen Wasser deine Tiefe ändern oder schwebend an einer Stelle bleiben, ohne dass deine Lunge übervoll ist und dein Brustkorb sich verspannt.

Achtung!
Du darfst niemals größere Strecken mit angehaltener Luft aufsteigen! Sowie du Auftrieb bekommst, musst du erst wieder ausatmen. Danach kannst du nach dem Einatmen wieder einen Stopp einlegen um höher zu kommen. Die Luft in deiner Lunge dehnt sich ja beim Aufsteigen aus und es besteht die Gefahr einer Lungenüberdehnung oder gar eines Lungenrisses.

Tarieren mit oder ohne Jackett?

Wenn du ohne Neoprenanzug tauchst und wenn du die richtige Menge an Gewicht mitführst, also nicht überbleit bist, kannst du ausschließlich mit der Lunge tarieren. „Warum soll ich nur mit der Lunge tarieren?", wirst du fragen, „mein Jackett habe ich doch sowieso um. Wenn ich ein Kilo Blei mehr mitnehme, brauche ich mich nicht auf meine Atmung zu konzentrieren." Dazu muss ich dir das Boyle-Mariottesche Gesetz ins Gedächtnis rufen: Beim Abtauchen drückt sich die Luft in deinem Jackett zusammen. Du musst also immer mehr Luft hineinblasen, um in einem

viel Gewicht hast, brauchst du dich nicht aufzublasen wie ein Kugelfisch, um etwas aufzusteigen. Es genügt, wenn du nach dem Einatmen einen kurzen Stopp einhältst. Schon treibst du nach oben. Danach kannst du auf natürliche Art weiteratmen. Willst du absinken, atmest du einfach etwas mehr Luft aus (du hast viel mehr Restluft in deiner Lunge, als du

Schwebezustand zu bleiben und nicht wie ein Stein abzusinken. Beim Abtauchen ist das kein allzu großes Problem, mit ein paar Flossenbewegungen kannst du dem Abtrieb entgegenwirken. Dir bleibt genügend Zeit, um dein Jackett aufzublasen. Etwas schwieriger wird die Sache, wenn du aufsteigst. Sobald du auch nur wenige Meter höher tauchst, dehnt sich die Luft in deinem Jackett aus. Lässt du sie nicht schnell genug heraus (weil du vielleicht gerade so fasziniert von einem Fisch bist und deshalb nicht auf Anhieb den Schlauch deines Jacketts findest), steigst du ungewollt auf. Je höher du kommst, desto schneller wird deine Aufstiegsgeschwindigkeit, und zu schnelles Auftauchen ist nicht das Gesündeste, wie auch im Anhang unter „Dekompressionsunfall" und „Barotraumen" nachzulesen ist.

Mit Jackett oder Weste richtig zu tarieren ist eine der schwierigsten Übungen beim Tauchen. Hierbei kommt es nicht nur auf technisches Können an, sondern hauptsächlich auf Gefühl. Natürlich solltest du lernen, mit dem Jackett richtig umzugehen. Beim Training mit dem Jackett empfehle ich sogar, dich zu überbleien. Das macht das Training schwieriger und du kannst mehr dabei lernen. Willst du dich aber während deines Tauchganges entspannen, um die Schönheit der Unterwasserwelt zu genießen, solltest du es dir so leicht wie möglich machen. Tauchst du ohne Neoprenanzug, ist es nun einmal das Einfachste, ausschließlich mit der Lunge zu tarieren.

Anders ist es natürlich, wenn du mit einem Neoprenanzug tauchst. An der Oberfläche hat der Anzug viel Auftrieb,

weil das poröse Material ein geringes spezifisches Gewicht aufweist. Du musst also von Anfang an mehr Gewicht mitnehmen, um überhaupt abtauchen zu können. Tauchst du tiefer, werden die Lufteinschlüsse im Neopren zusammengedrückt. Der Anzug verliert an Volumen und du bekommst mehr Abtrieb. Zwar kann man bis zu einem gewissen Grad diesen Abtrieb auch noch mit der Lunge ausgleichen, aber dann muss man sich wie ein Luftballon aufblähen, was wiederum nicht gerade Entspannung und Wohlgefühl steigert.

Wenn du mit einem Neoprenanzug tauchst, solltest du mit dem Jackett oder der Tarierweste tarieren, allerdings nicht ausschließlich. Sobald du beim Abtauchen merkst, dass du zu schwer wirst, blase soviel Luft in dein Jackett, dass du wieder einen Schwebezustand erreichst. Die Feintarierung kannst du aber weiterhin mit der Lunge vornehmen.

Praktische Übungen

Sehen wir einmal von Atemtechnik und Tarieren ab, gibt es nur zwei Grundübungen, die für das Tauchen lebensnotwendig sind: Wechselatmung und Maske ausblasen.

Technisch gesehen sind beide Übungen kinderleicht. Am Land würde es nur wenige Minuten dauern, bis du die Aufgaben theoretisch begriffen hättest und in der Praxis ausführen könntest. Leider kannst du damit an Land nicht viel anfangen. Begibst du dich nun ins Wasser, wo Wechselatmung und Maske ausblasen wirklich einen Sinn ergeben, wirst du bald feststellen, dass die Sache hier nicht ganz so einfach funktioniert. Manche Tauchanfänger haben sogar massive Schwierigkeiten damit. Warum? Am technischen Ablauf der Handlung hat sich doch nichts geändert. Wieder einmal stoßen wir auf das Hauptproblem beim Tauchen: Die Ängste, allen voran die unbewussten Gefühlsängste. Aber du

weißt inzwischen, dass die – meist unbegründeten – Gefühlsängste ihre Gewalt verlieren, sind sie erst einmal erkannt. Du brauchst nur logisch über deine Handlung nachzudenken. Außerdem musst du durch systematische Gewöhnung dein Unterbewusstsein überzeugen, dass es keine Befürchtungen haben muss.

Wechselatmung

Wechselatmung bedeutet, dass zwei (oder auch mehr) Taucher abwechselnd aus einem Atemregler atmen.

Wie wichtig diese Übung ist, siehst du sicher ein. Wir haben es beim Tauchen mit zwei Unsicherheitsfaktoren zu tun: der Technik und dem Menschen. Ein Lungenautomat versagt (wenn auch selten), ein Hochdruckschlauch platzt, ein Taucher dreht das Flaschenventil nicht ganz auf (manche Ventile schließen sich bei geringer werdendem Druck, wenn sie nicht ganz geöffnet sind) oder ein Taucher vergisst auf seinen Finimeter zu schauen (was bei der Vielzahl an neuen Eindrücken gerade bei einem Anfänger verständlich ist). Du siehst, es ist durchaus möglich, dass dir oder deinem Tauchpartner einmal in der Tiefe die Luft ausgeht. Die Wechselatmung bewahrt dich dann vor einem Notaufstieg. Ein schneller, unkontrollierter Aufstieg, vor allem aus größeren Tiefen, birgt die Gefahr eines Lungenbarotraumas oder eines Dekompressionsunfalls (selbst wenn in der Nullzeit getaucht wurde).

Ist Wechselatmung noch aktuell?

Seit die meisten Lungenautomaten mit einem Octopus ausgestattet sind, gerät die Wechselatmung immer mehr aus der Mode. Einige Tauchschulen lehren ihren Schülern, auf das Zeichen „Keine Luft" dem Partner gleich den Octopus anzubieten. Die Wechselatmung üben sie manchmal gar nicht mehr oder nur noch andeutungsweise.

Der Octopus ist eine tolle Sache und zweifellos ein Schritt in Richtung Tauchsicherheit. Aber ist die Wechselatmung wirklich überflüssig geworden? Nein! Die meisten Taucher tauchen mit Octopus, aber eben nicht alle. Ist ein Taucher ohne Octopus dir am nächsten, wenn du plötzlich in 30 Meter Tiefe keine Luft hast, hilft dir die Kenntnis der Wechselatmung mehr, als dich über die veraltete Ausrüstung deines Partners zu mokieren.

Auch eine andere Frage stellt sich: Ist es wirklich am sichersten, einem Taucher, der keine Luft mehr hat, gleich den Octopus anzubieten? Ich bin der Meinung: Nein! Hier ein Fall aus der Praxis:

Ich führte mit einem Taucher, nennen wir ihn Hans, einen Checktauchgang durch. Hans hatte über 200 Tauchgänge im Logbuch stehen und ich lernte ihn bei späteren Tauchgängen als erfahrenen, ruhigen und umsichtigen Tauchpartner schätzen. Trotzdem passierte ihm bei diesen Checktauchgang ein kleines Missgeschick: Nachdem ich Hans genügend Zeit gegeben hatte, seine Ausrüstung zu checken und sich an das Wasser zu gewöhnen, schwamm ich auf ihn zu und gab ihn das Zeichen: „Keine Luft". Wie nicht anders erwartet, reagierte Hans augenblicklich. Er zog seinen Octopus hervor und schob ihn mir in den Mund. Ich atmete aus. Aber anstatt meine Ausatemluft blubbern zu hören, bekam ich dicke Backen. Überhaupt fühlte sich das Mundstück etwas unbequem an, und da auch kein Bläschen Luft herauskam, beschloss ich, das Ding auszuspucken und mir meinen eigenen Automaten wieder zu angeln. Was war passiert? Hans hatte vergessen, den Schutzstopfen aus dem Mundstück zu ziehen. Wäre das im Ernstfall geschehen, hätte diese kleine Vergesslichkeit fatale Folgen haben können.

Sollte man demzufolge die Schutzstopfen für die Mundstücke abschaffen? Aber was geschieht, wenn der Octopus dann versehentlich über den Sand schleift? Setzen sich Sandkörner unter die Membrane der zweiten Stufe, kann der Automat Wasser ziehen. Ein bisschen Wasser im Automaten ist kein Problem, es sei denn, du hast Luft-

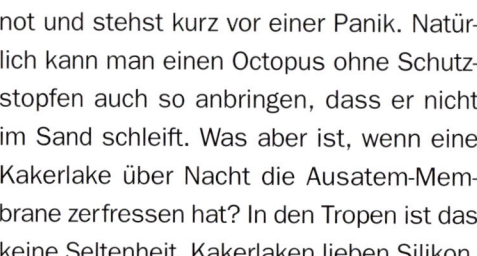

not und stehst kurz vor einer Panik. Natürlich kann man einen Octopus ohne Schutzstopfen auch so anbringen, dass er nicht im Sand schleift. Was aber ist, wenn eine Kakerlake über Nacht die Ausatem-Membrane zerfressen hat? In den Tropen ist das keine Seltenheit, Kakerlaken lieben Silikon.

Überprüft wirklich jeder Taucher bei jedem Tauchgang seinen Octopus über und unter Wasser, ob er anstandslos funktioniert? Weiß jeder Taucher auf Anhieb, wo sein Octopus zu finden ist und ob er sich nicht irgendwo verhakt hat?

Mit Sicherheit weißt du, dass die zweite Stufe, die du im Moment im Mund hast, einsatzbereit ist. Mit Sicherheit ist das auch die am schnellsten erreichbare Luftquelle, wenn es darum geht, einem Taucher aus akuter Luftnot zu helfen. Deshalb solltest du einem Taucher, der keine Luft mehr hat, als erstes das Mundstück anbieten, aus dem du gerade noch geatmet hast. Dir bleibt dann genug Zeit, deinen Octopus zu nehmen. Hat sich dein Partner nach ein paar Atemzügen beruhigt, könnt ihr die zweiten Stufen wechseln. Sollte dein Octopus aus irgendeinem Grund nicht einwandfrei funktionieren, hast du genug Luft, um dich ruhig auf die Situation einzustellen oder notfalls mit deinem Partner unter Wechselatmung aufzusteigen.

> Wenn auch der Octopus in einer Notsituation eine große Hilfe darstellt, so darf doch auf das Erlernen und Üben der Wechselatmung nicht verzichtet werden!

Vorübung zum Erlernen der Wechselatmung

Auch wenn eine Übung noch so leicht erscheint, ist es beim Tauchenlernen immer besser, den Gesamtablauf in einzelne Abschnitte zu gliedern und systematisch aufzubauen. Unkomplizierte Bewegungsabläufe können sich schneller und intensiver in das Unterbewusstsein einprägen. Außerdem können Ängste leichter aufgespürt und beseitigt werden.

Bei der Wechselatmung gibt es drei Situationen, vor denen du dich bewusst oder unbewusst fürchten könntest.

1. Wasser in den Mund zu bekommen.
2. Dich zu verschlucken.
3. Keine Luft zu bekommen.

All diese Ängste können wir durch schrittweises Herantasten an die Sache abbauen.

Zum Übungsablauf: Als erstes nimmst du unter Wasser dein Mundstück aus dem Mund und steckst es dann wieder rein. „Kinderleicht!", wirst du ausrufen. Irre dich nicht. Schon bei dieser simplen Lektion gibt es einiges zu beachten. Außerdem stößt du auf sämtliche Ängste, die sich bei der Wechselatmung aufbauen können.

1. Ergreife deinen Automaten mit der rechten Hand.
   Gewöhne dich vom Anfang an daran, die zweite Stufe so zu halten, dass du die Luftdusche nicht abdeckst.

2. Atme ein.
   Halt! Pumpe dich nicht auf wie ein Luft-

ballon in der Befürchtung, du müsstest längere Zeit ohne Luft auskommen. Atme nicht tiefer ein als vorher. „Warum?", wirst du fragen, „mit einer vollen Lunge kann ich doch länger die Luft anhalten." Was in der Theorie so logisch erscheint, ist in der Praxis nicht der Fall. Blähst du deine Lunge auf, verspürst du einen unangenehmen Druck im Brustbereich. Du verkrampfst dich. Das löst psychisches Unbehagen aus, sprich unbewusste Ängste. Der Atemreiz meldet sich wesentlich früher als bei einer entspannten, nur mäßig gefüllten Lunge. Das kannst du auch an Land leicht ausprobieren. Ein weiterer Grund, warum du nicht so viel einatmen sollst, ist dein Gewicht. Bist

du nicht gerade überbleit, schwebst du unweigerlich nach oben, wenn du dich zu sehr mit Luft voll pumpst.

3. Nimm jetzt den Automaten aus dem Mund.
   Das Mundstück zeigt dabei nach unten, die Luftdusche nach oben. Hältst du die Luftdusche nach unten, wirkt ein höherer Wasserdruck auf die Membrane der zweiten Stufe. Ist der Automat leicht eingestellt, bläst er so Luft ab.

4. Öffne den Mund leicht und lass etwas Luft entweichen.
   Natürlich sollst du nicht total ausatmen, denn du benötigst ja noch Luft, um das Wasser aus dem Automaten

zu blasen, wenn du ihn wieder in den Mund nimmst. „Warum muss ich Luft ablassen, wenn ich auf der gleichen Tiefe bleibe?", fragst du. Wie du schon weißt, dehnt sich beim Aufstieg die Luft in deiner Lunge aus. Hältst du beim Aufsteigen den Atem an, kann das zu einem Lungenbarotrauma führen. Gerätst du in Panik, bist du nicht mehr in der Lage, vernünftig zu denken. Unbewusste Reflexe bestimmen dein Handeln. Gewöhnst du dir an, jedes Mal Luft abzublasen, sobald du keinen Automaten im Mund hast, wird sich diese Handlung allmählich in dein Unterbewusstsein als Reflex eingravieren. Dieser Reflex kann dich in einer Paniksituation vor schwerwiegenden Folgen bewahren.

5. Schieb dir den Automaten wieder in den Mund.
Öffne deinen Mund weit, wenn du dir

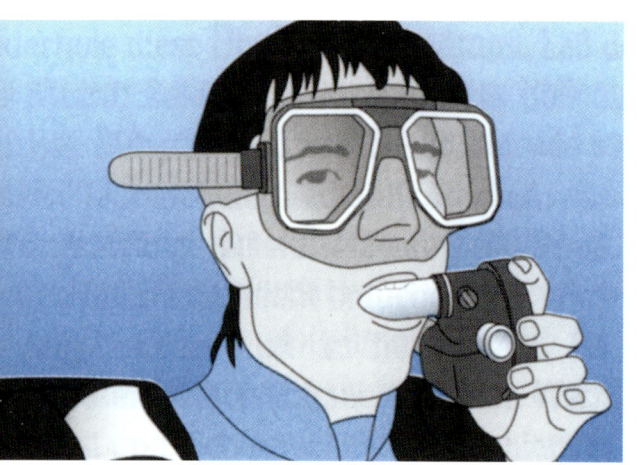

Schiebt man sich das Mundstück seitlich in den Mund, braucht man ihn nicht so weit aufzureißen.

das Mundstück hineinsteckst. Aus Furcht, sie könnten Wasser in den Mund bekommen, versuchen manche Tauchanfänger das Mundstück in den geschlossenen Mund zu schieben, was sich meist als schwierig erweist. Solange du leicht ausatmest, kann auch kein Wasser in deinen Mund dringen. Schieb dir das Mundstück von der Seite in den Mund. Das geht einfacher als von vorn.

6. Atme aus, um das Wasser aus der zweiten Stufe zu blasen.
Du brauchst nicht kräftig zu pusten, wie etwa beim Schnorchel ausblasen.

7. Nimm einen Atemzug.
Gewöhne dir beim Gerätetauchen wie beim Schnorcheln an, nicht mit weit geöffneten Rachenraum die Luft zu inhalieren. „Schlürfe" die Luft. So kannst du verbliebenes Wasser aus Automat oder Schnorchel im Mund herausfiltern, ohne dass es in die Atemwege gelangt.

Führst du diese kleine Übung das erste Mal durch, wirst du wahrscheinlich deinen Automaten recht schnell wieder in den Mund nehmen. Du kannst noch nicht abschätzen, wie lange du ohne Luft auskommst, noch dazu, wenn du dabei ausatmest. Ausatmen, während du deinen Kopf unter Wasser hast ist eine Tat, die dein Unterbewusstsein nicht ohne weiteres akzeptieren kann. Wiederhole diese Übung öfter. Lass den Automaten immer länger aus dem Mund. Bald wirst du einsehen, dass du gar nicht so bald wieder Luft brauchst. Entspanne dich dabei so gut wie möglich. Versuche aber nicht, mit anderen Tauchschülern zu konkurrieren. Das stellt dich und andere nur unter Leistungszwang. Leitungszwang ist Stress, und Stress können wir beim Tauchen überhaupt nicht gebrauchen.

Die Angst, keine Luft zu bekommen, ist aber nicht die einzige Angst, die bei dieser Lektion auftauchen kann. Was ist, wenn du Wasser in den Mund bekommst und dich verschluckst? Probiere es einfach aus! Öffne deinen Mund unter Wasser. Zieh Wasser ein und spucke es wieder aus. Versuche zu husten, mit Automat im Mund und ohne. Du wirst feststellen, es geht genauso gut wie im Trockenen. Führe diese Übungen spielerisch und entspannt durch, auch wenn Salzwasser nicht gerade köstlich schmeckt. Versuche, ein positives Verhältnis zum nassen Element aufzubauen.

Der Gebrauch der Luftdusche
Als zweite Vorübung zur Wechselatmung lernen wir, mit der Luftdusche umzugehen. Die Luftdusche ist ein Knopf, mit dem du direkten Druck auf die Membrane der zweiten Stufe ausüben kannst. Das heißt, wenn du darauf drückst, strömt Luft aus der zweiten Stufe.

1. Nimm deinen Automaten wieder aus dem Mund. Atme langsam alle Luft aus.
   Versuche jetzt mit leerer Lunge so lang wie möglich auszuharren. Entspanne dich! Denke nicht an deinen Luftmangel. Auch mit leerer Lunge kannst du es geraume Zeit ohne zu atmen aushalten, solange du dich nicht davor fürchtest.

2. Wenn du wirklich Luft brauchst, stecke dir den Automaten wieder in den Mund. Da du dieses Mal keine Luft mehr hast, um den Automaten auszublasen, drücke auf die Luftdusche.
   Hierbei musst du beachten, dass du nicht gleichzeitig auf die Luftdusche drückst und einatmest. Die Luftdusche presst das Wasser, das sich im Automaten befindet, erst einmal in deinen Mund, bevor es durch das Ausatemventil entweicht. Atmest du zur gleichen Zeit ein, verschluckst du dich womöglich. Also: Luftdusche kurz drücken – Finger weg von der Luftdusche – einatmen.

Was tun, wenn ein Automat Wasser zieht?
Es kann immer vorkommen, dass in die zweite Stufe deines Automaten Wasser eindringt. Dafür kann es verschiedene Ursachen geben. Meistens liegt es daran, dass die kleine Ausatemmembrane nicht ganz dicht ist. Es können auch ein paar Sandkörner unter die große Membrane der zweiten Stufe geraten sein. Du hast vielleicht vergessen, erst deinen Automaten auszublasen, nachdem du ihn aus dem Mund genommen hattest. Oder du schließt die Lippen nicht fest genug über dem Mundstück.

Ein bisschen Wasser im Automaten ist kein Grund zur Panik. Es ist sogar möglich, mit einem „feuchten" Automaten bedenkenlos zu tauchen, vorausgesetzt, du bist es gewohnt. Wenn dir aber bei deinen Tauchanfängen unverhofft in größerer Tiefe der Automat voll Wasser läuft, ist es durchaus verständlich, wenn du dabei etwas unruhig wirst. Deshalb ist es wichtig, auch diese kleine technische Panne im Flachwasser zu üben.

Diese Lektion ähnelt der Übung mit der Luftdusche.

1. Zunächst nimmst du deinen Automaten aus dem Mund und atmest alle Luft aus.
   Probiere auch diesmal, so lange wie möglich ohne Luft auszuharren.

2. Nun schiebst du den Automaten wieder in den Mund. Benutze jedoch nicht die Luftdusche, sondern tu das, was du im Normalfall nicht tun solltest: Atme ein.
   Du bekommst ein Gemisch aus Luft und Wasser. Atme vorsichtig, „schlürfe" die Luft. Achte darauf, dass das Wasser im vorderen Mundraum bleibt und nicht in die Kehle gerät. Solltest du dich trotzdem verschlucken, huste unter Wasser und versuche ruhig zu bleiben. Beim Ausatmen wird das Wasser aus deinem Mund durch die Ausatemmembrane hinausgepresst. Es besteht also kein Grund, das Wasser zu schlucken.

Durchführung der Wechselatmung als Übung

Die Wechselatmung ist im Grunde eine leichte Übung, bei der es allerdings einige Kleinigkeiten zu beachten gibt. Als erstes brauchen wir zwei Taucher. Nennen wir unsere Übungstaucher *Luftknapp* und *Atemreich*.

1. *Luftknapp* hat vermeintlich keine Luft mehr. Er nimmt das Mundstück aus dem Mund, schwimmt zu Atemreich und zeigt ihm mit deutlichen (!) Handzeichen: Ich habe keine Luft.
   Das Handzeichen muss klar und eindringlich gegeben werden, auch wenn es sich nur um eine Übung im flachen Wasser handelt. Ein wesentlicher Faktor bei der Wechselatmungsübung ist das korrekte Geben und Erkennen des Unterwassersignals und die richtige Reaktion darauf. Das darf nicht nur mit dem bewussten Verstand begriffen werden, sondern muss so oft wiederholt werden, bis es in das Unterbewusstsein dringt. Auf das wichtigste Unterwasserzeichen „Keine Luft" muss jeder Taucher mit dem Reflex reagieren, seinem Partner Luft zu geben.

2. Taucher *Atemreich* zieht noch einmal Luft, reicht dann seinen Automaten Taucher *Luftknapp*, wobei er allerdings seinen Automaten festhält.
   Der Taucher, der Luft spendet, gibt seinen Automaten niemals aus der Hand. Denn ein Taucher, dem plötzlich die Luft ausgeht und der dann vielleicht noch einige Meter hinter seinen Partner herpaddeln und sich verständlich machen muss, könnte schon etwas

nervös sein. Ob man von diesem Taucher seinen Automaten zurückbekommt, ist fraglich.

3. *Luftknapp* legt seine Hand auf die den Automaten umfassende Hand von *Atemreich*.

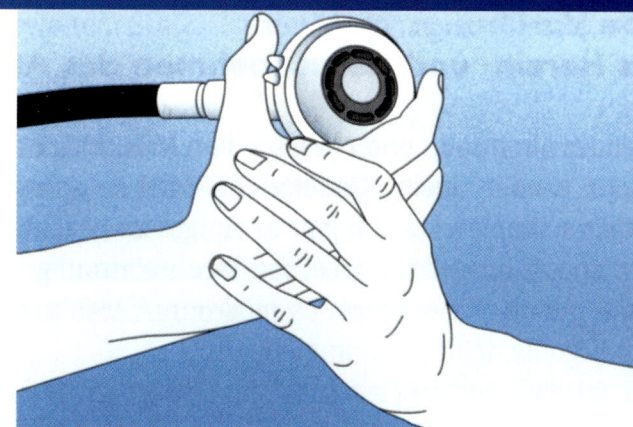

Richtige Haltung des Mundstücks bei der Wechselatmung.

Der Luftspender muss die zweite Stufe seines Automaten so umfassen, dass die Luftdusche frei bleibt. Das ist aus zwei Gründen äußerst wichtig. Zum einen könnte der Taucher, der um Luft bittet, nicht mehr genügend Luft haben, um den Automaten auszublasen, und deshalb auf die Luftdusche angewiesen sein. Zum anderen gibt es Automaten, die keine Luft mehr geben, wenn die Hand flach über der Luftdusche liegt, da zwischen der Hand und der Membrane der zweiten Stufe ein Unterdruck entsteht.

Viele Tauchschulen lehren die Wechselatmung, indem der Luftspender den Automaten am Schlauch dicht hinter der zweiten Stufe hält. Der Tauchpartner ergreift dann das Handgelenk seines Gegenübers. Auf diese Weise ist es nicht möglich, die Luftdusche aus Versehen abzudecken. Das ist ein großer Vorteil, wegen dem es sich lohnt, diese Ausführung der Wechselatmung in Betracht zu ziehen. Ich persönlich ziehe die herkömmliche Weise vor. Insbesondere wenn ich mit Anfängern übe oder mit einem ängstlichen Taucher im Notfall Wechselatmung durchführe, habe ich mehr Gefühl, wenn ich die zweite Stufe umfasse, um dem Tau-

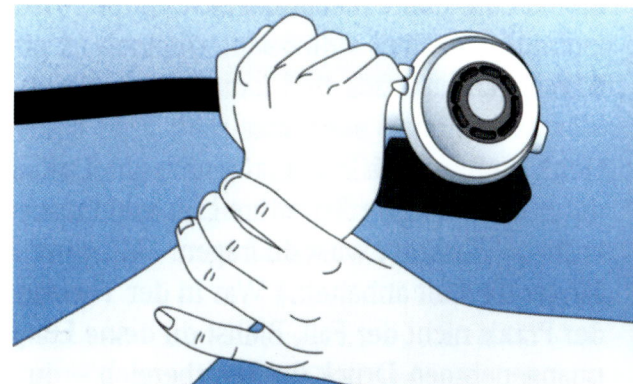

Richtige, alternative Haltung des Mundstücks. Vorteil: Die Luftdusche kann nicht aus Versehen zugehalten werden. Nachteil: Der Luftspender hat weniger Gefühl, um einem nervösen Taucher das Mundstück richtig in den Mund zu platzieren.

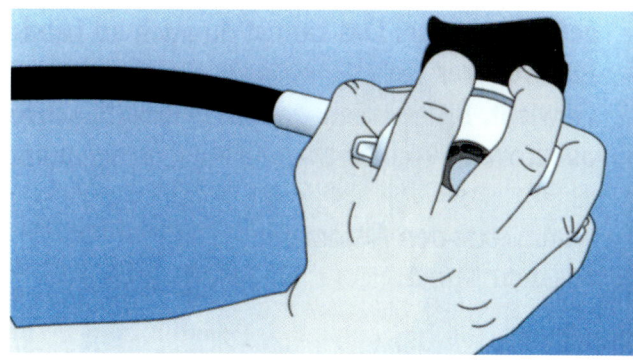

Falsche Haltung: Die Luftdusche ist abgedeckt.

65

cher das Mundstück richtig in den Mund zu schieben.

Der Taucher, der keine Luft mehr hat, lässt seine Hand während der gesamten Wechselatmung auf der Hand seines Partners ruhen. Unter Wasser ist das Gesichtsfeld durch die Maske stark eingeschränkt. Nur wenn man den Automaten, bzw. die Hand des Partners, der den Automaten hält, umfasst, weiß man jederzeit sicher, wo die Luftquelle zu finden ist.

4. *Luftknapp* nimmt das Mundstück in den Mund. Jetzt muss er erst einmal ausatmen, bzw. die Luftdusche drücken, sonst würde er Wasser ziehen.

Jedes Mal, wenn du einen Automaten in den Mund nimmst, solltest du erst einmal ausatmen. Unter Wasser hat das einen praktischen Zweck. Sowie du den Automaten aus dem Mund nimmst, dringt Wasser in den inneren Teil der zweiten Stufe. Indem du ausatmest, presst du das Wasser durch das Ausatemventil wieder hinaus. Ich empfehle dir aber, auch im Trocknen den Automaten immer erst auszublasen. Erstens kann noch Restwasser in der zweiten Stufe sein. Zweitens, vergisst du im Wasser seltener, was du dir an Land angewöhnst.

Hast du im Notfall wirklich keine Luft mehr, um deinen Automaten auszublasen, kannst du die Luftdusche betätigen. Benutze die Luftdusche aber nur im Notfall oder zu Übungszwecken. Manche Taucher haben die Unart, bei der Wechselatmung vor jedem Atemzug die Luftdusche zu drücken. Das ist reine Luftverschwendung. Wenn zwei Taucher im Notfall mit der Restluft aus nur einem Gerät auskommen müssen, ist Luftsparen angesagt!

5. *Luftknapp* nimmt ein oder zwei Atemzüge, im Bedarfsfall mehr.

Kommt ein Taucher zu dir und zeigt das Zeichen „Keine Luft", musst du davon ausgehen, dass er unter akutem Luftmangel leidet. Vielleicht steht er schon am Rande einer Panik. Bevor du deinen Automaten deinem Tauchpartner reichst, nimm selbst noch einen Atemzug. Das gibt dir Zeit, ihm die Luftquelle für ein paar Atemzüge zu überlassen, bis er sich wieder einigermaßen beruhigt hat.

6. *Luftknapp* überlässt den Automaten wieder *Atemreich*. Dieser bläst natürlich zunächst das Wasser aus der zweiten Stufe. *Atemreich* nimmt nun einen Atemzug und reicht dann den Automaten wieder *Luftknapp*. Von nun an nimmt jeder Taucher abwechselnd einen Atemzug.

Manche Tauchschulen lehren die Wechselatmung mit zwei Atemzügen nacheinander. Zweimal hintereinander einatmen und dann für längere Zeit die Luft anhalten entspricht aber keineswegs einem natürlichen Atemrhythmus. Harmonischer und entspannter geht es mit einem Atemzug, was kaum den natürlichen Atemrhythmus stört.

7. Der Taucher, der gerade nicht das Mundstück im Mund hat, atmet ein wenig aus. Natürlich nicht ganz, denn er braucht ja noch Luft, um das Wasser aus der zweiten Stufe zu blasen.

Sind im Ernstfall zwei Taucher gezwungen, eine Wechselatmung durchzuführen, werden die beiden kaum auf gleicher Tiefe verweilen, um darauf zu warten, bis die zweite Flasche leer ist, sondern sie werden langsam unter Wechselatmung aufsteigen. Beim Aufstieg dehnt sich die Luft in der Lunge aus. Um eine Überdehnung der Lunge zu vermeiden, muss die überschüssige Luft ausgeatmet werden. Auch wenn du nur im flachen Wasser übst und deine Tiefe nicht veränderst, solltest du dich frühzeitig daran gewöhnen, immer etwas Luft abzulassen, wenn du keinen Automaten in dem Mund hast.

8. *Luftknapp* hält sich während der Wechselatmung mit der rechten Hand an *Atemreichs* Arm, Jackett, oder der Gerätebänderung fest.

Es ist günstiger, wenn sich der Taucher, der keine Luft mehr hat, bei seinen Partner festhält. So hat der Luftspender seinen linken Arm frei, um bei einem Aufstieg den Tiefenmesser, bzw. den Computer zu überwachen. Das gilt nicht, sollte der an Luftmangel leidende Taucher sehr nervös sein oder gar auf eine Panik zusteuern. In diesem Fall muss der Luftspender seinen Partner festhalten. Packt der Luftspender dabei sein Gegenüber mit der linken Hand am Nacken, hat er festen Halt, um ihm das Mundstück richtig in den Mund zu schieben. Außerdem wirkt der Griff in den Nacken beruhigend auf den ängstlichen Taucher.

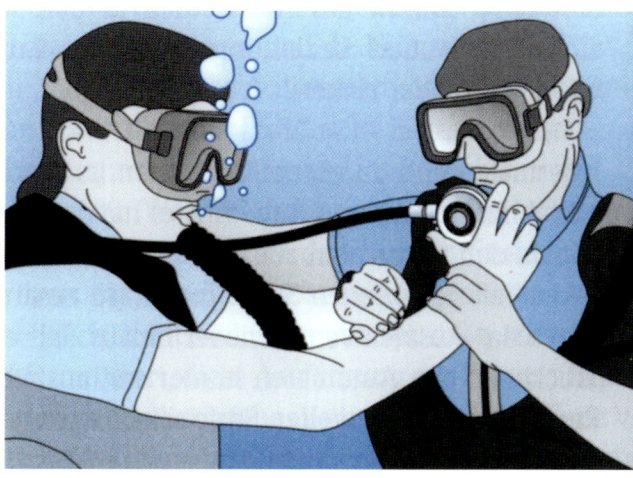

Korrekte Haltung bei der Wechselatmung: Der Luftspender hält mit der rechten Hand das Mundstück, die linke ist frei, um den Computer zu überwachen und zu tarieren. Der Taucher ohne Luft hält sich mit der Rechten am Partner fest. Die Linke greift über die „Automatenhand" und bleibt während der gesamten Wechselatmung dort.

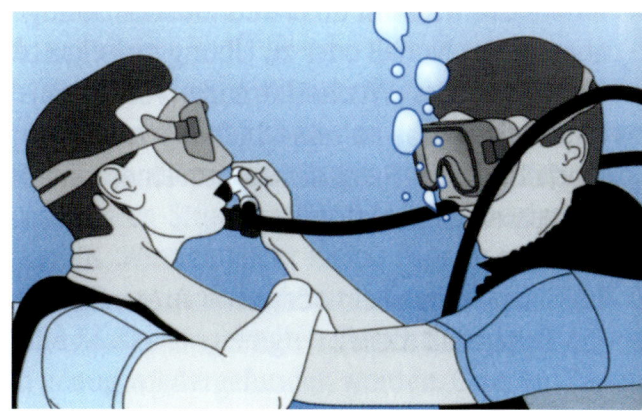

Bei nervösen Tauchern hat sich der Griff in den Nacken bewährt. Er gibt festen Halt und wirkt beruhigend.

Um sich den Bewegungsablauf besser einzuprägen, empfehle ich, die Wechselatmung erst einmal über Wasser andeutungsweise zu proben.

Es gibt noch eine Anzahl von Variationen der Wechselatmung. Zum Beispiel Wechselatmung in Bewegung, Aufstieg unter Wechselatmung, Octopusatmung usw. Ich will in diesen Buch aber nicht jede erdenkliche Tauchübung und ihre Technik beschreiben. Das lernst du besser in der Praxis. Mir geht es mehr darum, einen möglichen Weg aufzuzeigen, um dich stressfrei an die Übung heranzuführen. Ich möchte dir Verständnis für deine eigenen Ängste vermitteln sowie den Sinn der einzelnen Übungsabläufe erklären. Bist du erst einmal in der Lage, die Grundübung der Wechselatmung entspannt durchzuführen, dürften alle anderen Variationen keine Probleme mehr darstellen.

Maske ausblasen

Wesentlich größere Schwierigkeiten als mit der Wechselatmung haben einige Tauchanfänger – und auch mancher fortgeschrittene Taucher – bei der Lektion „Maske ausblasen".

Rein technisch gesehen ist diese Übung noch wesentlich einfacher als die Wechselatmung und lässt sich in wenigen Sätzen erklären:

1. Maske fluten.
2. Oberen Maskenrand ans Gesicht drücken.
3. Kopf etwas nach hinten strecken.
4. Durch die Nase ausatmen.

So einfach ist das! Also, wo liegt da das Problem?

Das Problem liegt, wie so oft beim Tauchen, bei den zwei großen „A": Angst und Atmung.

Bei keiner anderen Übung gilt es mehr, Sherlock Holmes zu spielen und in unserem Unterbewusstsein die versteckten Ängste aufzuspüren. Deshalb ist es wichtig, auch diese Lektion schrittweise aufzubauen. Schließlich willst du das Maskeausblasen stressfrei beherrschen und nicht nur mit „Ach und Krach" irgendwie das Wasser aus der Maske bekommen.

Tauchen ohne Maske

Als erstes muss du atmen. Durch den Mund, versteht sich, wie immer beim Tauchen.

„Das kann doch jeder!"
„Auch unter Wasser?"
„Klar!"
„Auch ohne Maske?"
„?!?"
Und da fängt das Dilemma an.

Warum fällt es manchen Tauchschülern so schwer, ohne Maske unter Wasser zu atmen?

Ich habe die Erfahrung gemacht, dass man diese Schüler in zwei Typen unterscheiden kann.

Typ A hat nur mit den verschiedenen Ängsten zu kämpfen. Typ B ist zusätzlich noch reiner Nasenatmer und kann unter Wasser seine Atmung nicht genügend willentlich beeinflussen.

Mit den A-Typen werde ich bei meinem Unterricht gewöhnlich schnell fertig. Ich erkläre ihnen, dass sie Angst haben, warum sie Angst haben und wie sinnlos diese Angst ist. Dann heißt es Kopf unter Wasser. Die meisten meiner Schüler sind dann recht bald überzeugt, dass mein Spruch „Du übst so lange ohne Maske, bis es dir Spaß macht" nicht ironisch gemeint ist.

Bei den B-Typen ist die Sache nicht ganz so einfach. Denn sie müssen erst einmal lernen, ihre Atmung zu kontrollieren. Das kann zwar eine extra Stunde kosten, aber lernen kann das jeder, der nur will.

Viele Taucher haben einfach Furcht vor dem Wasser. Nicht vor dem weiten Ozean mit seiner Naturgewalt und seinen unbekannten Tiefen, sondern vor dem Wasserspritzer, der das ungeschützte Gesicht benässt.

„Unsinn!", widersprichst du. Warum verkrampfst du dann deinen Körper und ziehst eine fürchterliche Grimasse, wenn dich jemand vollspritzt? Es ist Angst, auch wenn du es als kalt, nass oder eklig abtust. Zugegeben, es ist eine unsinnige Angst. Also machen wir uns gleich daran, diese unsinnige Angst zu beseitigen.

Spritz dir das Gesicht voll oder lass es dir von jemand anderen vollspritzen. Wichtig ist, dass du deine Gesichtsmuskeln dabei entspannst. Nimm das Gefühl des Wassers auf deiner Haut bewusst wahr. Du wirst feststellen, dass das Wasser keinesfalls kälter oder nasser ist, als wenn du bei der Spritzschlacht dreinschaust wie Frankensteins Monster. Vielleicht löst es sogar angenehme Empfindungen aus, es kitzelt, ist erfrischend, weckt dich auf. Ersetze in deinen Gedanken des „igittigitt nass"

durch „schön nass, herrlich nass". Erlange eine positive Einstellung zum Wasser.

Eine positive Einstellung zum Wasser ist vor allem wichtig, wenn du den Versuch

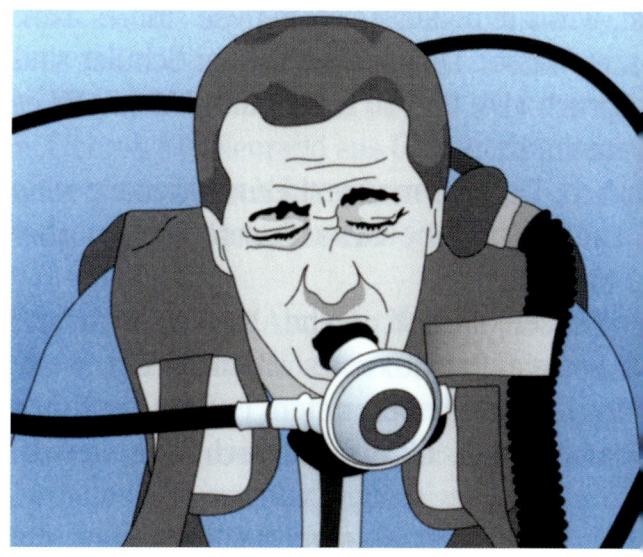

Mit so einem verkrampften Gesicht kann man sich unter Wasser nicht wohl fühlen und auch nicht ruhig atmen.

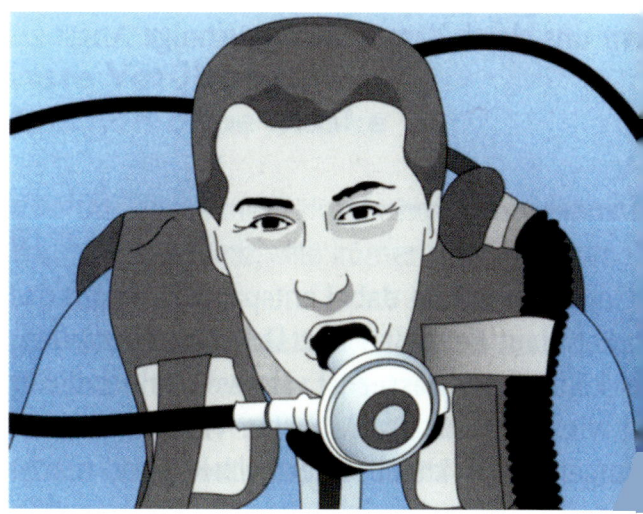

Mit einem entspannten Gesicht macht Tauchen auch ohne Maske Spaß.

unternimmst, ohne Maske unter Wasser zu atmen. Kneifst du die Augen zu, rümpfst die Nase und legst die Stirn in Falten, brauchst du dich nicht zu wundern über das Gefühl, einen Kloß in der Kehle zu haben. Denn wenn du dein Gesicht verspannst, verspannst du automatisch auch deine Atemwege. Das kannst du sogar an Land ausprobieren.

Bist du fest entschlossen, Tauchen zu lernen, bleibt dir nichts anderes übrig, als die notwendigen Übungen auszuführen. Eine Wahl bleibt dir allerdings. Du kannst dich gegen die Übungen sträuben oder du kannst sie gern ausführen. Glaube mir, leichter geht es, wenn du freudig und entspannt an die Sache heran gehst.

Augen auf, auch ohne Maske

Beim Tauchen ohne Maske haben wir es aber nicht nur mit dem „Igittigitt-nass-Syndrom" zu tun. Ein erheblicher Faktor ist die Beeinträchtigung des Sehvermögens.

Der Mensch ist hauptsächlich auf seinen Gesichtssinn fixiert. Jede Beeinträchtigung dieses Sinns erweckt tiefverwurzelte Ängste. Auf einer dunklen, einsamen Gasse drehst du dich häufiger nach jedem Geräusch um als auf einer hellen, einsamen Gasse. Etwas zustoßen könnte dir im Hellen genauso gut. Ein Keller, in dem das Licht ausgefallen ist, kann zum Schreckenslabyrinth werden. Und warum spielen Horrorgeschichten immer nachts?

Beim Tauchen ohne Maske hast du zwei Möglichkeiten. Du kannst die Augen schließen oder offen halten. Anfangs wirst du vielleicht dazu tendieren, den Kopf mit geschlossenen Augen unter Wasser zu stecken, weil du befürchtest, dass das Wasser in den Augen brennt. Im Salzwasser ist diese Befürchtung, wie zuvor bereits erwähnt, gegenstandslos. Salzwasser brennt nur in Verbindung mit Sauerstoff in den Augen. Im Chlorwasser kann es zu einer leichten Reizung der Augen kommen. Trotzdem solltest du dich auch im Chlorwasser überwinden, zumindest zeitweise die Augen offen zu halten.

Hast du die Augen geschlossen, wirken gleich zwei Stressfaktoren auf dich ein. Es ist dunkel, du weißt nicht, was um dich herum geschieht, und du befindest dich in einem Element, in das du nicht hineingehörst. Öffnest du die Augen, wirst du feststellen, dass du alles stark verschwommen siehst. Du kannst nur grobe Umrisse erkennen. Das ist zwar besser, als total im Dunkeln zu sitzen, aber die ungewohnte Wahrnehmung kann deinem Unterbewusstsein doch einen Schrecken versetzen.

Es ist möglich, dass du auf beide Situationen erst einmal unbewusst mit Angst reagierst. Angst zeigt sich immer in einer Verkrampfung des Körpers. Beim Tauchen ohne Maske wirst du diese Verkrampfung im Brustbereich wahrnehmen. Du hast das Gefühl, hinter deinem Brustbein sitzt ein Pfropfen, der nicht genügend Luft an deine Lungen durchlässt. Dieser Pfropfen existiert natürlich nicht. Ignoriere einfach dieses Gefühl der vermeintlichen Atemnot. Atme weiter. Am besten mit der natürlichen Atemtechnik: ein – aus – stopp.

Entspann dich. Du wirst sehen, schon nach ein paar Atemzügen ist der Pfropfen verschwunden.

Wasser in der Nase? Keine Panik!

Ob du zu den A-Typen oder den B-Typen zählst, stellst du sehr schnell fest. Der B-Typ wird beim Tauchen ohne Maske schon nach den ersten Atemzügen hustend und schnäuzend den Kopf aus dem Wasser strecken. Nun mit einer anderen, sehr realen Angst konfrontiert: der Angst, Wasser durch die Nase einzuatmen. Und diese Angst gilt es jetzt wieder loszuwerden.

Wasser durch die Nase einzuatmen ist nicht sehr angenehm, der Weltuntergang ist es aber nicht. Verschluckst du dich beim Essen oder Trinken, wirst du husten und dann in aller Ruhe weiteressen. Du wirst wohl kaum in Furcht geraten. Ziehst du bei deinen ersten Tauchversuchen (bei denen sich dein Geist und Körper ohnehin auf vielerlei ungewohnter Dinge einstellen muss) unerwartet Wasser durch die Nase, wird das wahrscheinlich eine Panik auslösen. Du hast Angst zu ersticken. Außerdem scheint das Wasser entsetzlich in der Nase zu brennen.

Wir haben bei vorangegangenen Übungen schon gelernt, dass wir unter Wasser genauso gut husten können wie an Land. Eine reale Erstickungsgefahr besteht also nicht. Auch dieses fürchterliche Brennen ist halb so schlimm. Also kein Grund zur Panik! Einsehen kannst du das nur, wenn du bewusst registrierst, was da vor sich geht und dein Unterbewusstsein durch praktische Erfahrung überzeugst. Ziehe

freiwillig Wasser durch die Nase ein. Konzentriere dich auf deine Empfindung. Es brennt, zugegeben, aber doch nicht so entsetzlich, dass man gleich in Panik geraten muss. Bekommst du das nächste Mal Wasser in die Nase, wird dein Unterbewusstsein schon nicht mehr „höchste Gefahr" signalisieren, sondern die Sache mit einem „lästig, geht aber gleich vorbei" abtun.

Auch wenn er jetzt den Schrecken von Wasser in der Nase überwunden hat, ist unserem B-Typen noch nicht geholfen. Er schafft es nicht, mit dem Mund einzuatmen, bekommt also demzufolge keine Luft.

Normalerweise atmen die meisten Menschen mehr durch die Nase als durch den Mund. Das hat Vorteile, denn die Einatemluft wird gefiltert und erwärmt, bevor sie in die Lungen gelangt. Beim Tauchen sind wir nun gezwungen, uns ganz auf die Mundatmung umzustellen. Zwar atmen wir gewöhnlich unbewusst. Trotzdem haben wir die Möglichkeit unsere Atmung willentlich zu beeinflussen. An Land kann das jeder. Ein kurzer Gedanke und schon atmen wir durch die Nase oder durch den Mund, tief oder flach, ganz wie es uns beliebt.

Warum klappt das nun unter Wasser nicht immer? Beim Tauchen wird unser Gehirn mit vielen neuen Eindrücken konfrontiert. Wir atmen in einem Element, in dem wir unter normalen Umständen nicht atmen können. Die horizontale Lage, in der wir uns bewegen, ist für uns Landlebewesen völlig widernatürlich. Die Schwerelosigkeit, die Dichte der Umgebung – das alles sind Faktoren, die unseren Verstand und unsere Gefühle mehr belasten, als wir gewöhnlich glauben. Manchmal ist dann die Schaltzentrale in unserem Gehirn einfach überfordert. Gedankenimpulse (wie zum Beispiel: Atme durch den Mund!) können nicht schnell genug oder gar nicht an die richtige Stelle weitergeleitet werden. Nur wenn wir zusätzliches „Gedankenfutter" so leicht wie möglich zubereiten, ist es für unser Gehirn noch verdaulich.

Fangen wir also ganz einfach an. Unser B-Typ hält sich bei dem ersten Versuch, unter Wasser ohne Maske zu atmen, die Nase zu. Er atmet ruhig im natürlichem Atemrhythmus. Erst wenn er entspannt atmet, sich an die ungewohnte Umgebung und die beeinträchtigte Sicht gewöhnt hat, versucht er, ein oder zwei Atemzüge die Nase loszulassen. Das kann schon sehr viel Konzentration kosten. Deshalb hält er sich danach die Nase wieder zu, um sich zu entspannen. Beim nächsten Versuch kann er die Anzahl der Atemzüge mit freier Nase dann steigern.

Meistens dauert es gar nicht lange, bis ein B-Typ für eine geraume Zeit problemlos durch den Mund atmen kann. Zumindest so lange, um eine Übung wie Maskeausblasen gelassen ausführen zu können. Reicht die Konzentration aber auch aus, wenn zum Beispiel in größerer Tiefe das Maskenband reißt? Das ist von Fall zu Fall verschieden. Im Notfall hilft immer: Nase zuhalten.

Durch die Nase ausatmen

Bist du jetzt in der Lage, ohne Maske entspannt im natürlichen Atemrhythmus zu atmen, können wir mit der Lektion fortfahren. Beim nächsten Schritt geht es wieder darum, die Atmung willentlich zu beeinflussen.

Du atmest durch den Mund ein und durch die Nase aus. Auch das ist manchmal leichter gesagt als getan. Sollte es unter Wasser nicht auf Anhieb möglich sein, versuche es erst einmal über Wasser, und zwar mit dem Automaten im Mund: Atme ein und halte einen kleinen Moment die Luft an, um dich darauf zu konzentrieren, mit der Nase auszuatmen. Dann stoße die Luft kraftvoll aus der Nase, als ob du dich schnäuzt. Wiederhole das einige Male über Wasser, dann probiere es unter Wasser. Gelingt es dir jetzt, atme nicht mehr so kraftvoll aus, sondern gleichmäßig und lang.

Schließe beim Ausatmen mit der Nase die Augen. Die Luftblasen, die du durch die Nase ausbläst, steigen dir in die Augen. Das ist ein unangenehmes Gefühl, da Salzwasser in Verbindung mit Luft in den Augen brennt. Im Grunde ist das gar nicht so schlimm, nur blockiert dein Widerwille dabei deine Nase.

Die Übung „Maske ausblasen"

Wenn auch die Technik des Maskeausblasens äußerst einfach ist, so gibt es doch etliche Kleinigkeiten zu beachten:

1. Knie oder setze dich unter Wasser und atme ruhig.

   Egal was du unter Wasser tust, atme ruhig und konzentriere dich auf deine Aufgabe. Das gilt auch für den Notfall:

Erst atmen, dann denken, dann handeln.

2. Setze deine Maske ab.

Flute die Maske nicht nur, sondern setze deine Maske ganz ab. Flutest du die Maske und bläst sie dann gleich aus, bist du versucht, bis zum Ausblasen der Maske die Luft anzuhalten. Das geht zwar leichter, du sollst aber lernen, auch ohne Maske weiter zu atmen. Viele zertifizierte Taucher können ihre Maske ausblasen, sind aber nicht in der Lage, ohne Maske zu tauchen. Verliert so ein Taucher in größerer Tiefe seine Maske, ist die Panik vorprogrammiert. Manchmal hat sich die Maske an deinem Gesicht festgesaugt. Du bekommst sie kaum ab. Atme dann einfach leicht durch die Nase aus, schon ist der Unterdruck aufgehoben.

3. Nachdem du ein wenig ohne Maske geatmet hast, setze die Maske wieder auf.

Lass dir Zeit! Kontrolliere, ob das Maskenband richtig auf der Mitte des Hinterkopfes sitzt. Hebe den oberen Maskenrand an und streiche die Haare aus der Maske.

4. Lege den Kopf in den Nacken.

5. Presse den oberen Rand der Maske ans Gesicht.

Es gibt verschiedene Möglichkeiten, die Maske anzupressen. Wichtig ist, das der obere Rand fest am Gesicht anliegt und der untere locker sitzt. Am besten versuchst du es erst einmal, indem du mit dem Handballen gegen den oberen Rand drückst. Bei manchen Masken lockert sich dabei aber der untere Rand nicht genügend. Das Wasser lässt sich dann nur schwer rausblasen. In dem Fall kannst du den oberen Rand der Maske mit beiden Zeigefingern andrücken und den unteren mit den Daumen leicht anheben. Aber Achtung! Der untere Maskenrand muss wieder das Gesicht berühren, bevor du aufhörst auszuatmen. Sonst fließt das ausgeblasene Wasser wieder in die Maske zurück.

6. Nimm einen Atemzug und atme durch die Nase aus.

Nimm dir einen Moment Zeit. Konzentriere dich darauf, mit der Nase auszuatmen. Schließe die Augen, während du ausatmest.

7. Sollte noch etwas Wasser in der Maske sein, blase einfach noch einmal. Es ist nicht unbedingt nötig, die Maske mit einem Atemzug leer zublasen.

Übungen unter besonderen Stressfaktoren
Eine lohnenswerte Übung ist die Wechselatmung ohne Maske. „Reiner Sadismus!", wirfst du mir vor, „keine Luft und gleichzeitig die Maske verlieren, wann kommt das bei einem Tauchgang schon vor?" Zugegeben, die Chance, einen Sechser im Lotto zu haben, ist wahrscheinlich größer.

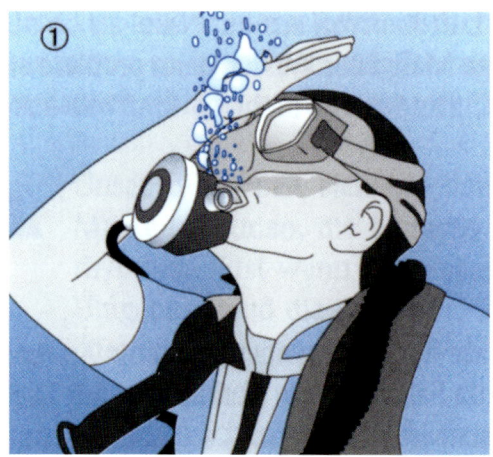

Richtig: *Mit dem Handballen auf den oberen Maskenrand drücken, damit sich der untere Rand etwas vom Gesicht löst. So kommt man nicht in die Versuchung, die Maske zu weit vom Gesicht zu heben.*

Richtig: *Mit dem Daumen wird der untere Maskenrand leicht gelockert. Achtung: Dabei sollte die Maske das Gesicht wieder vollständig berühren, bevor man aufhört, durch die Maske auszuatmen.*

Falsch: *Die Maske ist zu weit vom Gesicht entfernt.*

Falsch: *Der Kopf ist nicht genügend nach hinten gestreckt.*

Trotzdem sind Aufgaben, die über die Notwendigkeit der Praxis hinausgehen, äußerst wichtig. Sie fördern das Selbstvertrauen. Zudem lehren sie dich, mit mehreren Stressfaktoren gleichzeitig umzugehen.

Allein der Umstand, in einem fremden Element zu atmen, ist eine geistige und seelische Belastung. Ohne Maske zu atmen ist ein zusätzlicher Stressfaktor, dich auf die Wechselatmung zu konzentrieren ist ein weiterer. Bei der Wechselatmung ohne Maske hast du es also mit zwei Extra-Stressfaktoren zu tun, die über das einfache Vor-sich-hin-Tauchen hinausgehen. Dafür fallen während des Tauchunterrichtes zwei Stresskomponenten weg, denn meist weißt du, was als nächstes von dir erwartet wird. Du kannst dich also auf deine Aufgabe einstellen. Außerdem finden die Übungen in flacherem Wasser statt und du erwartest von deinem Tauchlehrer, dass er sich irgendwie selbst retten kann, falls du nicht richtig reagierst.

Im Notfall musst du noch mit dem Überraschungseffekt fertig werden und mit dem Wissen, dass es jetzt Ernst ist. Bist du in der Lage, mit mehreren Stressfaktoren gelassen umzugehen, kannst du sie auch gegeneinander austauschen. Weitere Sicherheitsübungen sind: Gerät ab- und anlegen ohne Maske; Gerät ablegen, ohne Gerät zum Partner tauchen und um Luft bitten; Gerät und Maske mit dem Partner tauschen, etc.

Ausbildung: Süßwasser contra Meer

„Schlammgucker" gegen „Inseltaucher". Die Diskussion kommt immer wieder zur Sprache. „Wenn die Schönwettertaucher bei uns ins Baggerloch springen, bekommen die doch erst einmal die Panik."

„Warum soll ich im Baggerloch tauchen, da sieht man ja überhaupt nichts. Im Schlamm wühlen bringt doch keinen Spaß."

Wenn mich jemand fragt, wo er denn besser tauchen lernen kann, zu Hause im Hallenbad und See oder im Urlaub am Meer, gibt es nur eine richtige Antwort: „Da, wo du am ehesten die Gelegenheit hast." Die Qualität einer Tauchausbildung richtet sich weniger nach dem Ort als nach den Fähigkeiten des jeweiligen Tauchlehrers. Die Tauchausbildung und das Tauchen zu Hause ist weder schwieriger noch einfacher als am Urlaubsort – und umgekehrt. Es ist einfach anders. Und auch in manchen heimischen Gewässern, wo man es manchmal gar nicht vermutet, gibt es eine interessante Flora und Fauna zu entdecken.

Vorteile der Ausbildung in Hallenbad und See

Hallenbad

Weder Tauchschüler noch Tauchlehrer stehen unter Zeitdruck. Ein ängstlicher Anfänger fühlt sich in der abgegrenzten und vertrauten Umgebung des Schwimmbads zunächst sicherer. Die Furcht vor unbekannten Meeresmonstern und der Tiefe entfällt. Es bleibt mehr Potential, mit anderen Ängsten umzugehen. Zwischen den einzelnen Lektionen liegen meist ein paar Tage. Die neuen Eindrücke können besser verarbeitet werden. Im Hallenbad gibt es keine bunten Fische, die von der „Arbeit" ablenken. Es bleibt mehr Zeit, ein variantenreiches Ausbildungsprogramm zu gestalten und Übungen öfters zu wiederholen.

Nach dem bestandenen Tauchkurs kann im vertrauten Kreis am Hallenbadtraining teilgenommen werden. Ein gut aufgebautes Training schafft Kondition und trägt

Auch im Süßwasser gibt es allerhand zu entdecken.

viel zur Tauchsicherheit bei, solange schwächere Taucher nicht überfordert und unter Leistungsdruck gestellt werden.

See

Der Tauchanfänger wird von vornherein mit drei wichtigen Stressfaktoren vertraut, nämlich mit schlechter Sicht, Kälte und dem Neoprenanzug, der einengt und das Tarieren erschwert. Ein Kaltwassertaucher ist eher geneigt, sich an Einzelheiten zu erfreuen. „Ein Supertauchgang! Wir haben den Haushecht gesehen." „Na, und das Krebschen war doch auch ganz toll."

Nachteile der Ausbildung in Hallenbad und See

Hallenbad

Der Schritt vom Schwimmbecken zum See wird oft und mit Recht als meilenweit empfunden. Ängste, die in mehreren Übungsstunden gerade abgebaut bzw. verdrängt wurden, kommen im dunklen, kalten Wasser, eingepresst im Neopren, mit geballter Kraft wieder hoch.

Der Übungstauchgang im offenen Gewässer hat oft den Stresscharakter einer Führerscheinprüfung. Es wäre sinnvoller, wenn die Anfänger zunächst einige übungsfreie Tauchgänge im Freiwasser unternehmen würden, bevor der Tauchlehrer einen Abschlusstest von ihnen verlangt.

Chlorwasser, im Gegensatz zu Salzwasser, brennt in den Augen, auch wenn es nicht mit Sauerstoff in Verbindung kommt. Deshalb ist die Scheu, im Schwimmbad die Augen offen zu halten, nicht ganz unbegründet. Die Tauchschüler entwickeln eher eine Abneigung gegenüber allen Übungen, die ohne Maske durchgeführt werden.

See

Der erste Tauchgang in einem trüben, kalten See, eingeengt in einem unbequemen Anzug, löst wohl bei jedem Tauchanfänger unangenehme Assoziationen aus. Die Atmung geht hektisch. Der Körper, vor allem die Gesichtsmuskeln, sind verspannt. Manche Anfänger überwinden ihre negativen Gefühle. Sie kommen mit einem neuen Selbstbewusstsein an die Oberfläche: „Mann, ich kann das! Nach den ersten paar Minuten war das gar nicht mehr so schlimm." Viele Anfänger prägen sich aber die unangenehmen Empfindungen tief in ihr Unterbewusstsein ein. Es ist dann schwierig, die negativen Eindrücke umzuprogrammieren. Für Anfänger, die nicht zu den furchtlosen Wasserratten zählen, ist es manchmal besser, mit ihrem ersten Freiwassertauchgang bis zum Urlaub zu warten. Haben sie im klaren, wärmeren Gewässer Spaß am Tauchen gefunden, wird der erste Tauchgang im heimischen See eine Umstellung sein, aber er wird nicht zum Horrortrip.

Vorteile der Ausbildung im Meer

Die Motivation, am Urlaubsort tauchen zu lernen, ist natürlich wesentlich größer als in heimischen Gewässern. Denn hier wartet zur Belohnung für die lästigen Übungen eine neue, kunterbunte Welt, und das meist schon während des Tauchkurses. Beim Urlaubstauchen steht das Erlebnis Natur im Vordergrund und nicht der Sport. Finden bereits die ersten Flachwasserlektionen im Salzwasser statt, entfällt die Umgewöhnungsphase von den vertrauten vier Wänden im Schwimmbecken zu den furchteinflößenden Weiten des offenen Gewässers.

Salzwasser brennt nur in Verbindung mit Sauerstoff in den Augen. Eine Rötung der Bindehaut, wie im Chlorwasser, ist im Salzwasser selten. Die Ausrede „Ich kann die Augen unter Wasser nicht aufmachen. Ich habe so empfindliche Augen." gilt im Salzwasser nicht.

Der Tauchschüler gewöhnt sich von Anfang an die Bewegungen des Meeres wie Brandung und Strömung. Die aufregende Unterwasserwelt lenkt von Ängsten ab. Sie veranlasst zum Weitermachen, auch wenn der Anfänger einmal einen schlechten Tag hatte. In den Tropen kann auf einen dicken Anzug verzichtet werden. Der Tauchschüler fühlt sich freier und kann einfacher tarieren.

Nachteile der Ausbildung im Meer

Dem Urlauber bleibt nur eine begrenzte Zeit, um Tauchen zu lernen. Tauchschüler und Tauchlehrer stehen unter Zeitdruck. Oft müssen zwei Lektionen am Tag absolviert

Die bunte Welt im Meer motiviert zu einem Tauchkurs.

werden, was einige Anfänger überfordert. Da Fischegucken und „richtig" Tauchen das Hauptinteresse darstellen, bleibt zu wenig Zeit, ein variantenreiches Übungsprogramm durchzuführen. Für einen Taucher, der in den Tropen nur im T-Shirt getaucht hat, ist es eine große Umstellung, sich in heimatlichen kühleren Gewässern in einen dicken Neoprenanzug zu zwängen. Taucher, die in tropischen Gewässern gelernt haben, sind verwöhnt. Es gibt nur wenig Steigerungen. Manchmal finden schon Taucher mit wenig Taucherfahrung einen Tauchgang langweilig, weil der Manta nicht mit der Muräne schmust und der Hai keinen Walzer tanzt. Diese Taucher müssen erst lernen, sich an

der Vielfalt der Kleinlebewesen oder einfach an dem berauschenden Gefühl der Gewichtslosigkeit zu erfreuen.

Viele Taucher haben keine Ambitionen, ins heimische Gewässer zu springen oder wöchentlich am Hallenbadtraining teilzunehmen. Sie bleiben reine Urlaubstaucher. Dagegen ist nichts einzuwenden. Schließlich sind die meisten Skifahrer, Surfer und Bergsteiger auch „nur" Urlaubssportler. Wer aber mehrere Monate oder gar Jahre keinen Automaten im Mund hatte, sollte sich eingestehen, dass er erst einmal einen Eingewöhnungstauchgang braucht. Ein Check mit den wichtigsten Übungen im flacheren Wasser ist unbedingt notwendig. Das gilt besonders für die Taucher, die diese lästigen Übungen nicht mögen, nach dem Motto: „Meine Maske sitzt so gut, da kommt ganz bestimmt kein Wasser rein." oder „Wechselatmung?! Ich habe doch einen Octopus."

Der Checktauchgang dient nicht dazu, die sadistischen Züge des Tauchlehrers zu befriedigen, sondern trägt einzig und allein zur Tauchsicherheit bei. Jeder Taucher, der längere Zeit nicht unter Wasser war, sollte auf einen Checktauchgang bestehen. Darüber hinaus ist es ratsam, dass jeder Taucher freiwillig die wichtigsten Tauchübungen gelegentlich praktiziert.

Natürliche Atemtechnik im Süßwasser

„Kann man die natürliche Atemtechnik auch im Kaltgewässer anwenden?" Klar! Auch (oder gerade!) in einem trüben, kalten See ist eine Methode, die Stress und Angst abbaut, erstrebenswert. Gewiss, am anschaulichsten und wirkungsreichsten empfindet man das natürliche Atmen in den Tropen. Ohne Anzug kann der Taucher ausschließlich mit der Lunge tarieren, wie ein Fisch mit der Schwimmblase. Seinen Körper kann er im warmen Wasser total entspannen.

In erster Linie geht es aber bei der natürlichen Atemtechnik um die unmittelbare Beeinflussung des psychischen Wohlbefindens durch die Atmung. Weniger Blei und leichteres Tarieren sind ja nur lohnende Begleiterscheinungen. Im dicken Tauchanzug braucht der Taucher natürlich die entsprechende Menge Blei, um unterzugehen. In größerer Tiefe, wo sich das Neopren zusammenpresst, muss er den Volumenverlust mit Luft im Jackett ausgleichen. Mit der natürlichen Atemtechnik braucht man allerdings von vornherein etwa 2 bis 3 Kilogramm weniger Blei, als wenn man nicht auf seine Atmung achtet. Mit weniger Blei lässt sich mit dem Jackett besser tarieren. Je weniger Luft im Jackett ist, desto kleiner ist die Volumenveränderung beim Auf- und Abtauchen.

Die natürliche Atemtechnik eignet sich aber vor allem dazu, Tauchanfängern bei ihren ersten Freigewässertauchgängen die Angst zu nehmen. Ist ein Tauchschüler auf die Handbewegung seines Tauchlehrers fixiert, findet er in kürzester Zeit einen ruhigen Atemrhythmus und wird sich trotz Kälte einigermaßen entspannen können. Wer ruhig atmet und seinen Körper entspannt, kann keine Angst empfinden. Selbstverständlich muss das natürliche Atmen vorher im Hallenbad geübt werden.

Tauchen unter besonderen Bedingungen

Nachttauchen

Warum Nachttauchen? Weil die Korallenpolypen nachts ihre „Ärmchen" ausstrecken, manche Tierchen nur bei Dunkelheit zu sehen sind oder man sich an schlafende Fische näher heranpirschen kann? Für den erfahrenen Taucher, der den Blick für das „Kleine" hat, besonders für Unterwasserfotografen, sind das sicherlich die Beweggründe. Bei dem Neuling, der sich das erste Mal dafür entscheidet, in der Dunkelheit zu tauchen, liegt der Reiz meist woanders. Es ist das Flair des Unheimlichen, das der Aktivität bei Nacht anhängt.

Für diesen „Nervenkitzel" brauchst du nicht unbedingt ein „Profi" zu sein. Du musst dich aber zumindest bei deinen Tauchgängen am Tage sicher und entspannt fühlen. Hast du erst wenig Taucherfahrung, solltest du dich nur gemeinsam mit einem erfahrenen, umsichtigen Partner an das Abenteuer wagen. Außerdem sollte sich dein Partner gut in dem Gebiet auskennen. Starke Strömung, hohe Wellen oder schlechte Sicht sind Grund genug, auf das Unternehmen zu verzichten. Jeder Teilnehmer muss mit einer Lampe ausgerüstet sein. Noch besser ist es, wenn jeder noch eine zweite Lichtquelle mit sich führt, etwa eine Pilotlampe oder einen chemischen Leuchtstab. „Sehen und gesehen werden" lautet die Devise. Lichtsignale und Verhalten müssen vor dem Tauchgang abgesprochen werden. Je nach Begebenheit kann es sinnvoll sein, den Einstieg oder das Ankerseil mit einer Lichtquelle zu markieren.

Hast du ein ungutes Gefühl oder fällt deine Lampe aus, darfst du nicht zögern, bei deinem Partner an die Hand zu gehen. So kann meist der Tauchgang bedenkenlos zu Ende geführt werden.

Allerdings haben mir selbst unverfahrene und eher ängstliche Taucher immer wieder versichert, dass sie erstaunlicherweise beim Nachttauchen weder Angst noch Beklemmung empfunden hätten. Bist du also „ein Taucher, der auszog, um das Fürchten zu lernen", wirst du enttäuscht werden. Das Gruseligste an einem Nachttauchgang sind die Phantastereien und das Taucherlatein davor. Während des Tauchganges wird deine Aufmerksamkeit auf den Lichtkegel gerichtet sein. Dieser kleine Ausschnitt intensiver Farbenpracht wird dich in seinen Bann ziehen. Bewusste Denkimpulse werden durch die erhöhte Konzentration stark reduziert. So bleibt nicht genügend Gedankenkapazität für furchteinflössende Hirngespinste. Das blitzende Gebiss vor dem schwarzen Schlund, das in der Dunkelheit nach dir lechzt, scheint vergessen. Dein Denkvermögen, das beim Tauchen ohnehin schon auf Sparflamme arbeitet, wird nachts durch die eingeschränkte Wahrnehmung noch mehr gedrosselt. Darüber solltest du dir im Klaren sein. Bedenke schon vor dem Tauchgang, dass du deinen Luftvorrat, Tiefe und Zeit überwachen musst und auch deinen Tauchpartner nicht vergessen solltest.

Strömungstauchen

Für den einen ist es Horror, für den anderen der schönste Tiefflug der Welt. Kampf, Luftknappheit, Kontrollverlust gegen Spiel mit dem Element, Herausforderung, „Fliegen". Es gibt zwei Wege in einer Strömung: mit ihr oder gegen sie.

Das gilt sowohl konkret als auch symbolisch. Du kannst dich gegen eine Strömung sträuben oder du kannst sie lieben. Entscheidest du dich, an einem Strö-

Wer im Meer taucht, wird früher oder später Bekanntschaft mit der Strömung machen.

mungstauchgang teilzunehmen, solltest du dich auch entscheiden, es gerne zu tun. Diese Wahl steht dir tatsächlich frei. „Um gegen eine Strömung anzukämpfen, brauchst du doch Kondition und Kraft!" Mit dieser Aussage stimme ich voll und ganz überein, solange bei diesem Satz die Betonung auf „ankämpfen" liegt.

Willst du aber einen genussvollen und effektiven Strömungstauchgang durchführen, kommt es nicht auf ein großes Lungenvolumen und starke Beine an, sondern auf Verstand und Gefühl. Damit will ich nicht behaupten, Strömungstauchen sei ein Kinderspiel. Im Gegenteil, wir sollten dieser Naturkraft den gebührenden Respekt entgegenbringen. Tauchst du im offenen Meer, wird dir die Bekanntschaft mit

einer Strömung kaum erspart bleiben. Die Bandbreite reicht vom leichten Sog bis zur geballten Urgewalt.

Als Anfänger solltest du dich nur mit einem strömungserfahrenen und umsichtigen Partner in eine Strömung wagen. In Gebieten mit extremen Strömungsverhältnissen ist es auch für erfahrene Taucher sicherer, sich einem ortskundigen Tauchlehrer oder Tauchguide anzuschließen. Der weiß dann, an welcher Koralle er links abbiegen muss, um nicht ins offene Meer gespült zu werden.

Es gibt zwei Arten von Strömungstauchgängen:

1. Tauchen von einem festen Punkt
2. Drifttauchen

Tauchen von einem festen Punkt

Tauchst du von einem verankerten Boot oder von einem bestimmten Ort vom Ufer aus, ist es natürlich wichtig, den Ausgangspunkt wieder zu erreichen. Dabei ist es meistens (nicht immer!) angebracht, zunächst gegen die Strömung zu tauchen. Warum diese Regel gilt, ist wohl verständlich: Lässt du dich zuerst mit dem Strom treiben, kannst du schwer einschätzen, ob du mit deiner Luft und Energiereserve dahin zurückkommst, wo du hin willst.

Ein aussichtsloser Kampf

Viele Taucher kämpfen tatsächlich gegen die Strömung an. Sie versteifen den ganzen Körper und treten mit angespannten Beinmuskeln hart gegen das Wasser. So eine Aktion braucht Energie und natürlich auch entsprechend Luft. Da sich die Taucher dabei meistens aufblasen wie Kugelfische, müssen sie sich zusätzlich eines zweiten Gegners erwehren: ihres eigenen Auftriebs. Beim Kampf mit der Strömung zieht der Taucher immer den Kürzeren! Im günstigsten Fall verdirbt sie ihm den Spaß am Tauchgang. Jedoch kann dieses starrsinnige Verhalten einen Taucher auch in die Panik treiben. Leider ist die „Kampfsportart" Strömungstauchen selbst unter sehr erfahrenen Tauchern weit verbreitet. Es geht aber durchaus anders!

Wie man effektiv gegen eine Strömung taucht

Werde dir erst einmal klar darüber, warum du eigentlich tauchst. Du bist ein Hobbytaucher. Tauchen muss dir in erster Linie Spaß bringen. Du unterliegst keinem Leistungszwang. Das heißt, du brauchst nicht unbedingt von A nach B zu kommen. Auch nicht, wenn B das hübsche Korallenriff oder das Wrack bedeutet.

Mach den Weg zum Ziel. Erreichst du den gewünschten Punkt, ist es gut. Wenn nicht, ist es auch gut. Wichtig ist nur, dass du dich während des Tauchgangs wohl fühlst. Um dich wohl zu fühlen, musst du zunächst richtig atmen. Konzentriere dich auf deine Atmung. Wähle einen ruhigen Atemrhythmus. Wende am besten die natürliche Atemtechnik an, falls du sie beherrscht. Setz dir als Prämisse, eine ruhige Atmung während des gesamten Tauchgangs beizubehalten. Wende gerade so viel Kraft auf, dass dein Atem sich nicht beschleunigt. Versuche zunächst gar nicht, in der Strömung voranzukommen. Verweile erst einmal am selben Fleck. Richte jetzt deine Aufmerksamkeit auf deinen Körper. Ist er etwa angespannt? Vielleicht weil du fürchtest, von der Strömung mitgerissen zu werden? Sind deine Beinmuskeln verkrampft und trittst du kraftvoll mit den Flossen? Lass los! Spüre die Strömung. Probiere verschiedene Körperhaltungen, um den Einfluss des Wassers zu fühlen. Werde ein Teil des Elementes. Entspanne dich so weit wie möglich.

Sowie der Körper locker ist und deine Beinmuskeln sich weich bewegen, wirst du feststellen, dass du im gleichen Zeitraum keine zwei oder drei Flossenschläge brauchst, um auf der Stelle zu bleiben, sondern nur noch einen. Du sparst also Energie und somit Luft. Schaffst du es nun, entspannt in der Strömung zu „stehen", mache genauso lockere, aber weitere „Schritte". Schon kommst du voran, ohne dich groß anzustrengen und hektisch zu atmen. Wähle dein persönliches Tempo. Lass dich dabei von deinem Tauchpartner nicht aus der Ruhe bringen. Beim Tauchen richtet man sich immer nach dem langsamsten Taucher! Gerätst du trotzdem aus der Puste, gilt die Regel: Stopp! Atmen! Denken! Handeln!

> Betrachte die Strömung nicht als Feind, der dir Böses will. Akzeptiere sie als einen Spielgefährten, den es in einem spannenden Wettstreit auszutricksen gilt.

Wie man eine Strömung austrickst
Überlege dir bereits vor dem Tauchgang, was du tun könntest, wenn du abgetrieben wirst. Besteht die Möglichkeit, an einem anderen Ort am Ufer aus dem Wasser zu kommen und zu Fuß zum Ausgangspunkt zurückzugelangen? Fischt euch eventuell jemand mit dem Boot auf, falls ihr zu einer angegebenen Zeit nicht zurück seid? Besteht bei regem Bootsverkehr die Aussicht, „per Anhalter" mitgenommen zu werden? Hast du eine Signalboje und ein akustisches Signal dabei? Kennst du den Strömungsverlauf so gut, dass du Strömungsschatten und Gegenströmungen ausnutzen kannst?

Bist du nicht genügend abgesichert, verzichte auf den Tauchgang bei starker Strömung. Wähle einen anderen Ort oder eine strömungsfreie Zeit. Probleme, für die du vor deinem Tauchgang schon Lösungen gefunden hast, jagen dir unter Wasser keine Schreckensvisionen ein.

Nun gibt es noch ein paar Strategien, wie du dir das Spiel mit der Strömung erleichtern kannst. Schwimme so nah wie möglich über dem Grund oder am Riff, denn dort ist die Strömung am schwächsten. Auf einer Sandfläche kannst du dich vorhangeln, indem du deine Fingerspitzen leicht in den Boden gräbst. An Felsen kannst du dich vorziehen. Problematischer ist es an einem Korallenriff. Aber auch da gibt es hin und wieder kahle Blöcke, an denen du dich festhalten könntest, um dich auszuruhen. Natürlich solltest du stets genau hinschauen, was du anfasst.

Ich persönlich bin dagegen, dass Taucher in warmen Gewässern Handschuhe tragen. Sie machen den Taucher unsensibel gegenüber der Umwelt. Aufgerissene Fingerkuppen nach einem Tauchgang sind ein Zeichen für verkrampftes, festes Zupacken. Auch bei stärkerer Strömung genügt es, sich locker mit den Fingern einzuhaken. Bei einem Tropentauchgang gilt die Devise: Tust du den Korallen nicht weh, tun sie dir auch nicht weh.

Achte auf deine Körperhaltung! Hältst du dich irgendwo fest, heb die Beine leicht nach oben, damit du nirgendwo anstößt. Blicke der Strömung entgegen und richte deinen Körper in Strömungsrichtung aus. Schwimmst du im freien Wasser, halte dich waagrecht. Liegst du schräg im Wasser (Beine nach oben oder unten), hast du einen größeren Strömungswiderstand. Halte nach Strömungshindernissen Ausschau und gehe dahinter in Deckung. Bedenke, Strömungen gehen nicht immer in die gleiche Richtung. Bemerkst du, dass die Strömung auf größere Tiefe wechselt, kannst du dich eventuell erst mit dem Strom treiben lassen und dann in geringerer Tiefe wieder zurückgleiten. Wie die Strömung auf den verschiedenen Tiefen verläuft, kannst du erkennen, indem du beobachtest, in welche Richtung deine Luftblasen treiben.

Wenn das Tauchen gegen die Strömung kein Vergnügen bereitet, such dir ein gemütliches Plätzchen im Strömungsschatten oder halte dich fest. Beobachte, was so vorbeischwimmt oder konzentriere dich auf die Kleinlebewesen in einem begrenzten Bereich. Wahrscheinlich wirst du erstaunt sein, was du dabei alles entdeckst. Wer sagt denn, dass Tauchen unbedingt etwas mit Fortbewegung zu tun haben muss.

Ist das Tauchboot auf der Riffplatte eines kleinen Riffs verankert, das man umrunden kann, bringt es dir wenig, erst gegen den Strom zu schwimmen. Lass dich bis zum Strömungsschatten des Riffs treiben, führe den Tauchgang im Strömungsschatten durch, wenn du dich nicht anstrengen willst. Kalkuliere aber genug Luftreserve ein, um auf der Riffplatte gegen die Strömung zum Anker zu gelangen.

Unterwasserfotografen und - filmer sollten sich vor einem Tauchgang überlegen, ob sie in der Lage sind, mit ihrer Ausrüstung auch in der Strömung zurecht zu kommen.

Ist es nicht vernünftiger, einmal einen Tauchgang ohne Kamera zu genießen, als sich abzurackern und sich zu ärgern, weil man wegen der verdammten Strömung kein Bild schießen konnte?

> Wenn du ohne ortskundigen Führer tauchst, informiere dich vor dem Tauchgang über eventuelle Strömungen und ihren Verlauf.

Drifttauchen

Drifttauchen heißt, du lässt dich einfach mit der Strömung treiben. Dabei gibt es drei verschiedene Möglichkeiten.

1. Du tauchst von einem Boot aus, das der Tauchgruppe folgt und sie nach dem Tauchgang wieder einsammelt.
2. Du lässt dich parallel zum Ufer treiben, wobei du vor oder nach dem Tauchgang einen Fußmarsch in Kauf nehmen musst. Voraussetzung dafür ist, dass du die Strömungsverhältnisse und das Gelände über Wasser kennst.
3. Die gleichen Voraussetzungen gelten, wenn du dich von einer hilfreichen Seele an einem vereinbarten Ort mit dem Wagen abholen lässt.

Drifttauchen: Traum eines Tauchers! Oder Alptraum?
Für viele Taucher bedeutet Drifttauchen schwereloses Dahingleiten, keine Kraftanstrengung, Loslassen. Nur fliegen ist schöner, wenn überhaupt! Andere Taucher

mögen Strömungstauchen überhaupt nicht. Handelt es sich dabei nicht gerade um besessene Fotografen oder Filmer, für die Strömung wirklich einen Störfaktor darstellt, steckt bei den meisten dieser Taucher Angst dahinter.

Drifttauchen kann unter gewissen Umständen tatsächlich gefährlich werden. Nur sind es fast nie die tatsächlichen Risiken, die dem Taucher das Vergnügen verleiden. Öfters ist es die Furcht vieler Menschen, die Kontrolle über sich selbst an etwas Stärkeres abzutreten. Strömung ist nun einmal eine Naturgewalt, die wir nicht aufhalten können. Lassen wir uns mit ihr ein, müssen wir nach ihren Spielregeln spielen. Die Strömung bestimmt weitgehend das Tempo und die Richtung.

Nur wenn wir nicht all unsere Kraft aufwenden, um diese Regel zu durchbrechen, bleibt uns genug Energie, uns innerhalb dieser Regel frei zu bewegen und unsere Kontrolle wieder zu erlangen.

Reale Gefahren beim Drifttauchen
Bevor du an einem Drifttauchgang teilnimmst, solltest du folgende Risiken abwägen:

- Wo treibt die Strömung hin, ins offene Meer oder dem Land zu?
- Ist der Wellengang so hoch, dass die Bootscrew die Taucher schlecht orten kann?
- Kann ein plötzlicher Tropenregen die Sicht über Wasser beeinträchtigen?
- Gibt es noch genug Sonnenlicht nach

Beendigung des Tauchgangs?
- Hast du eine Boje und ein akustisches Signal dabei?
- Vertraust du als unerfahrener Taucher deinem Tauchpartner genügend?
- Bist du als erfahrener Taucher in der Lage und auch bereit, deinem weniger erfahrenen Partner behilflich zu sein?
- Hat der Tauchgruppenführer ausreichend Erfahrung in diesem Gebiet?
- Und die wohl wichtigste Frage: Ist auf die Bootscrew Verlass?

Kommen Zweifel auf, besprich deine Bedenken mit dem Tauchgruppenführer oder der Bootscrew. Hast du danach immer noch ein ungutes Gefühl, verzichte auf den Strömungstauchgang!

Du bist der Strömung nicht willenlos ausgeliefert
Entscheidest du dich für einen Drifttauchgang, genieße bewusst die Erfahrung des Treibenlassens. Erkenne aber, dass du kein Stück Holz oder eine alte Plastiktüte bist, die dem Strom willenlos ausgeliefert ist. Du hast, in gewissen Grenzen, Einfluss auf die Richtung und das Tempo, und das ohne große Anstrengung.

Nahe am Riff oder dicht über dem Grund ist die Strömung am langsamsten. Dort kannst du also in einen kleineren Gang schalten. Drehst du in einer senkrechten Haltung der Strömung Brust oder Rücken zu, bietest du den größten Strömungswiderstand. Du treibst demzufolge am schnellsten. Am langsamsten bist du in waagrechter Lage. Du kannst also deine Geschwindigkeit mit deiner Körperhaltung steuern.

Einbuchtungen im Riff, freistehende Felsformationen oder andere Hindernisse bieten Strömungsschatten, hinter denen du eine Rast einlegen kannst. Tauchst du in einen Strömungsschatten ein oder aus, gerätst du oft in einen Wirbel. Diesen gilt es, mit etwas kräftigeren Flossenschlägen zu durchschwimmen.

Abwärtsströmungen können verhängnisvoll sein, wenn du nicht weißt, wie du dich verhalten musst. Am sichersten ist es, relativ nahe am Riff zu tauchen. So kannst du dich notfalls am Riff festhalten. Abwärtsströmungen im freien Wasser tarierst du mit dem Jackett oder der Weste aus. Dabei solltest du deinen Tiefenmesser oder Computer im Auge behalten.

Bei Aufwärtsströmungen heißt es: Kopf runter, Flossen hoch und aktiv nach unten paddeln.

Bei starken Strömungsverhältnissen sollte die Nullzeit nicht ausgereizt und selbstverständlich auf keinen Fall überschritten werden. Eine Abwärtsströmung kann dich sonst schnell in die Dekozeit ziehen. Eine Aufwärtsströmung kann einen geschwindigkeitskontrollierten Aufstieg oder eine eventuell einzuhaltende Dekopause verhindern.

Wirst du von einem Kanal aus ins offene Meer getrieben, zögere nicht, sofort langsam aufzutauchen. Kämpfe auf keinen Fall gegen eine starke Strömung an.

Bemerkt dich die Bootscrew an der Oberfläche nicht, versuche nicht, gegen eine starke Strömung zum Boot zu kommen. Schwimme seitlich parallel zum Land oder Riff aus der Strömung heraus. Die Strömung treibt nur in der Kanalmündung nach außen.

An der Oberfläche

Kommst du einmal in die unangenehme Lage, ohne Aussicht von einem Boot aufgelesen zu werden abzutreiben, geltend folgende Regeln:

Ruhe bewahren! Es kommt nicht darauf an, so schnell wie möglich an Land zu kommen, sondern das Tempo gegebenenfalls stundenlang durchzuhalten. Die Tauchpartner müssen unbedingt zusammen bleiben. Die günstigste Fortbewegung ist mit voll aufgeblasenem Jackett auf dem Rücken. In dieser Lage lässt sich auch ein Schwätzchen halten, Witze erzählen oder singen. Eine gute Stimmung herzustellen und aufrecht zu erhalten, ist auf einem längeren Flossentrip äußerst wichtig. Notfalls musst du ein paar Gewichte abwerfen. Es empfiehlt sich aber nicht, den ganzen Bleigurt wegzuwerfen, da du sonst mit den Beinen zu weit nach oben kommst und nicht mehr effektiv paddeln kannst.

Höhlen- und Wracktauchen

Was ist eine Höhle? Dumme Frage! Ein Loch, das mehr oder weniger waagrecht ins Erdinnere führt. Höhle ist jedoch nicht gleich Höhle. Beim Tauchen kennen wir Überhänge, Grotten, Kavernen und „richtige" Höhlen, wobei wir noch zwischen Salz- und Süßwasserhöhlen unterscheiden.

Überhänge sind horizontale Einkerbungen in Korallenriffen oder Felswänden. Sie bieten Fischen einen guten Schutz und stellen für einige lichtempfindliche niedere Tiere, wie z.B. Krustenanemonen, ideale Umweltbedingungen dar. Es herrscht also meist pralles Leben in Höhlen und sie sind deshalb für uns Taucher äußerst interessant. Kleinere Überhänge wirst du dir von außen betrachten, größere kannst du untertauchen.

Der einzige Unterschied zum Openwater-Tauchen ist, dass du ein „Dach" über dem Kopf hast.

Da einer der größten Risiken beim Tauchen der schnelle Senkrechtstart nach oben ist, könnten wir diese Bedeckung sogar als zusätzliche Sicherheit schätzen. Hindert sie uns nicht massiv an einen Panikaufstieg? So logisch denken wir aber meist beim Tauchen nicht! Besonders Tauchanfänger können unter Überhängen leicht Beklemmungen verspüren. Diese aufkeimende Furcht wird nicht ausgelöst durch eine erkannte, reale Bedrohung, sondern sie entstammt dem Unterbewusstsein, das auf Unbekanntes, Dunkles und Enges vorsichtshalber erst einmal mit Angst reagiert. Hier helfen die schon bekannten Allheilmittel: ruhiges Atmen, die Hand eines fürsorglichen Tauchpartners und das schrittweise Herantasten an das Neue.

Bei einer **Grotte** liegt die Höhlendecke über dem Wasserspiegel. Wir können also ohne Behinderung zur Oberfläche auftauchen. Meist herrscht in Grotten „Dämmerung", da das Tageslicht nur durch eine seitliche Öffnung eindringt. Genau wie bei den

Überhängen kann das auf einen unerfahrenen Taucher etwas beängstigend wirken.

Meeresgrotten sind oft durch eine starke Brandung entstanden. So muss auch zum Zeitpunkt des Tauchgangs mit starken Wellenbewegungen im Grotteninneren gerechnet werden. Wellen sind kein Grund zu Panik, solange du dich richtig verhältst. Versteife deinen Körper nicht und kämpfe nicht gegen die viel stärkere Welle an. Lass los! Versuche, ein Gefühl für die Bewegung zu entwickeln. Nimm den Wasserschub zur Hilfe, um dich fortzubewegen. Zieht sich die Welle in deine Gegenrichtung zurück, paddele gerade so langsam, dass du auf der Stelle bleibst. Spürst du den Vorwärtsschub, gib Gas. So kommst du schnell und energiesparend voran. Hast du die Möglichkeit dich festzuhalten, kannst du sogar ohne Flossenschlag in einer Brandung vorankommen. Beim Rückwärtsschub festhalten, beim Vorwärtsschub einfach treiben lassen. Allerdings musst du genügend Abstand zu Felswänden und anderen Hindernissen halten, wo die Wassermassen aufprallen. Weniger erfahrene Taucher sollten sich nur mit erfahrenen Tauchern, die die Gegebenheiten kennen, in eine Grotte wagen. Das gleiche gilt für Kavernen.

Kavernen sind Höhlen oder Höhlenabschnitte, in die noch Tageslicht dringt. Es gibt Kavernen, die ohne weiteres auch dem weniger erfahrenen Taucher ohne zusätzliche Ausrüstung zugänglich sind. Wichtig ist, dass du gut tarieren kannst und vorsichtig mit den Flossen schlägst, damit du keinen Schlamm aufwirbelst.

In Florida, dem El Dorado des Kavernen- und Höhlentauchens, dürfen Taucher ohne entsprechendes Brevet keine Lampe mitnehmen. Das ist eine sehr vernünftige Regelung. Die größte Gefahr in einer Höhle ist, dass du in deiner Begeisterung ohne erforderliche Sicherheitsmaßnahmen zu tief hineintauchst oder mit deinen Flossen Sediment aufwirbelst und dann den Ausgang nicht mehr findest. Ohne Lampe wärst du gezwungen, sofort umzukehren, sobald es zu dunkel wird. Schneller als du vermutest, kannst du im Dunkeln einer Höhle die Orientierung verlieren. Dunkelheit, Enge, Orientierungslosigkeit in einem lebensfremden Element, mehr Grund zu einer Panik kannst du gar nicht finden. Verläuft eine Panik im offenen Wasser meist glimpflich, enden Paniken in Höhlen fast immer tödlich.

> In engeren Kavernen, die tief ins Erdinnere führen, oder gar in „richtigen" Höhlen, in die kein Tageslicht mehr hineinscheint, solltest du nur tauchen, wenn du dich im offenen Wasser entspannt und angstfrei fühlst, mit deiner Ausrüstung bedenkenlos klarkommst und exakt tarieren kannst.

Aber auch für den erfahrenen Taucher ist es unbedingt erforderlich, vorher an einen Kavernen- oder Höhlentauchkurs teilzunehmen. In so einem Kurs wird gelehrt, wie du dich sinnvoll ausrüstest und entsprechend tarierst. Du übst, mit der Si-

Höhlentauchen ist nicht Jedermanns Sache.

Tauchen im Wrack kann ein tolles Erlebnis sein.

cherheitsleine umzugehen und dich höhlengerecht fortzubewegen. Du lernst Vorsichtsmaßnahmen und Regeln kennen. Wie in keinem anderen Bereich des Tauchens ist dieses Wissen lebensnotwendig. Was du nicht lernst ist, mit deiner eigenen Angst umzugehen.

Mehrere hundert Meter in eine Höhle hineinzutauchen, eine widerspenstige Leine zu führen, die es darauf abgesehen hat, sich ständig zu verheddern, aufzupassen, dass ja kein Stäubchen emporsteigt, zu wissen, es gibt keine Möglichkeit, sofort aufzusteigen, sondern nur zwanzig oder mehr Minuten zurück zum Ausgang, das alles ist eine enorme psychische Belastung, bei der du an deine Grenzen stoßen

kannst. Mit diesem Stress bist du relativ alleine. Dein Tauchpartner ist nur eine Schattengestalt mit Lichtkegel, und nicht anders nimmt er dich wahr. Die Kommunikation ist stark eingeschränkt. Sich bei einer aufkommenden Panik ein beruhigendes Händchen zu suchen, ist in einer engen Höhle auch oft schwierig.

Ich habe schon viele Menschen überredet, tauchen zu lernen, obwohl – oder gerade weil – sie Angst hatten. Tauchen ist eine hervorragende Therapie, um Lebensängste abzubauen. Ich würde aber niemanden überreden, in eine Höhle zu tauchen. Höhlentauchen ist nicht Jedermanns Sache. Wenn du dich fürchtest, lass die Flossen davon!

Ein **Wrack** ist im Grunde eine künstliche Höhle mit allen ihren Variationen wie Überhängen, Kavernen und „richtigen" Höhlen". Somit sind die gleichen Bedenken und Vorsichtsmaßnahmen angebracht. Allerdings kann man auch einfach um ein Wrack herum oder darüber hinweg tauchen. Dann gilt ein Wracktauchgang als normaler Openwater-Tauchgang.

Tieftauchen

Gesprächsthema Nummer eins beim Tauchen sind nicht die bunten Fische oder der modische Schnitt des Tauchanzuges, sondern zweifellos die Tiefe: „Wie tief kann ich mit so einer Flasche runtergehen?", „Tiefer als zehn Meter will ich aber nicht tauchen!", „Was? So tief waren wir?!", „Los, heute machen wir einen Tieftauchgang."

Die Tiefe, Synonym für das Unbekannte und die Urängste der Menschheit. Die Hölle, die Unterwelt, das Dunkel des Seins liegen in der Tiefe. Wen wundert es dann, dass der eine Taucher in der Tiefe ein angsteinflößendes Schattenreich fürchtet und der andere seine Dosis Adrenalin sucht? Dabei ist es gar nicht die Tiefe, die eventuelle Gefahren beim Tauchen darstellt und uns in unsere Grenzen weist, sondern es sind die physikalischen Gesetze und ihre Auswirkungen auf den menschlichen Körper.

Tauchen in 30 Meter Tiefe muss nicht zwangsläufig gefährlicher sein als in 10 Meter. Führst du dir das Boyle-Mariotte-sche Gesetz vor Augen, erfährst du, dass die kritischste Tiefe zwischen 0 und 10 Meter liegt, denn hier ist der Druckunterschied im Verhältnis am größten. Auch finden sich die meisten Risiken nicht beim Absinken in die Tiefe, sondern beim Aufsteigen. Trotzdem habe ich noch keinen Taucher erlebt, der sich vor dem Aufsteigen fürchtet.

Da gibt es dann noch die Bedenken über den weiten Weg nach oben, falls dir zum Beispiel die Luft ausgeht. Aber ist der Weg wirklich so weit? Stell dir einmal 30 Meter in der Länge vor. Das sind nur 5 Meter mehr als ein Schwimmbecken im Frei- oder Hallenbad. Selbst ein untrainierter Flossenschwimmer kann mit etwas Übung diese Strecke durchtauchen. Wenn du nicht gerade hemmungslos überbleit bist, brauchst du für die gleiche Strecke von unten nach oben wesentlich weniger Kraftaufwand. Außerdem dehnt sich die Pressluft in deiner Lunge beim Auftauchen aus. Lässt du die überflüssige Luft langsam und unverkrampft entweichen, tritt das Gefühl der Sauerstoffknappheit wesentlich später auf, als wenn du mit angehaltenem Atem eine Bahn im Schwimmbecken abtauchst.

Und die Dekompressionszeiten? Zugegeben, in größeren Tiefen nehmen die Nullzeiten rapide ab. Doch wie die Wörter Dekompressionszeit (Dekozeit) und Nullzeit schon aussagen, ist hier neben der Tiefe auch die Zeit ein wichtiger Faktor. Bisher hat mir noch kein Taucher erklärt, er hätte Angst vor der Zeit.

Verstehe mich bitte nicht falsch! Ich plädiere weder für tiefere Tauchgänge, noch will ich dir einreden, Tiefe hätte keine Bedeutung beim Tauchen. Aber die Tiefe als

Objekt der Furcht kann lediglich als Symbol betrachtet werden, hinter dem ganz andere Ängste stecken.

Ein Taucher, der sagt: „Ich tauche nie tiefer als 10 Meter", meint: „Ich fühle mich im Allgemeinen beim Tauchen nicht sicher". Dieser Taucher wird in 10 Meter Tiefe genauso ängstlich und verkrampft sein wie in 20 oder 30 Meter. Anstatt sich eine Tiefenbegrenzung aufzuerlegen, sollte er hinterfragen, woher die Unsicherheit kommt. Hat er vielleicht die Grundübungen wie Maske ausblasen und Wechselatmung mit „Ach und Krach" hinter sich gebracht und fürchtet nun den Notfall? Ist es etwa die unbewusste Angst, im Wasser zu atmen, die er noch nicht überwunden hat? Oder vertraut er seinem Tauchpartner nicht? Hat unser Taucher den wirklichen Auslöser seiner Furcht erkannt, ist er in der Lage, Abhilfe zu schaffen. Beispielsweise kann er seine Lektionen im Flachwasser üben, bis er sie beherrscht oder er kann sich einen anderen Tauchpartner suchen.

Wie tief kann man tauchen?

„Wie tief kann man mit einem Pressluftgerät tauchen?" Auf die häufigste Frage, die mir gestellt wird, kann ich keine konkrete Antwort geben. Es gibt Taucher, die behaupten, sie wären hundert Meter tief getaucht. Es gibt aber auch Autofahrer, die sich volltrunken hinters Steuer setzen und mit zweihundert Sachen über die Autobahn rasen. Der Wahnsinn ist etwa vergleichbar. Bei diesen Kamikaze-Aktionen können sich die Taucher nur wenige Minu-

ten in der Tiefe aufhalten. Hier stoßen sie auf die absoluten Grenzen, die ihnen die physikalischen und biochemischen Gesetze aufzwingen. Sauerstoff, unser wichtigstes Lebenselixier, wirkt ab 74 Meter giftig. Die Toxizität des Sauerstoffes unter hohem Partialdruck ist aber nicht das einzige Hindernis, das uns bei der Entdeckung der Tiefsee im Weg steht. Ab ca. 40 Meter, in extremen Fällen auch vorher, kann der Tiefenrausch auftreten. Der Tiefenrausch wird durch den erhöhten Teildruck des Stickstoffes verursacht. Es kommt zu einem Rauschzustand, ähnlich einem Alkohol- oder Drogenrausch.

Bedenkt man, dass die Symptome beim Aufsteigen in geringere Tiefen verschwinden und kein „Kater" zurückbleibt, könnte man meinen, es sei der ideale Rauschzustand. Aber im Alkoholrausch fällst du schlimmstenfalls vom Barhocker, im Tiefenrausch kannst du dich und deinen Tauchpartner in Lebensgefahr bringen. Ein guter Grund also, um zu behaupten, 40 Meter sollten für einen Sporttaucher das Limit sein.

Wirklich risikoarm tauchen kannst du allerdings nur innerhalb der Nullzeit. Willst du nicht nur runter- und raufhetzen, sondern die Unterwasserlandschaft genießen, sind 30 Meter ein vernünftiges Maß. Strömungs- und Sichtverhältnisse sowie persönliches Befinden und andere Faktoren haben zusätzlichen Einfluss auf die Wahl der Tauchtiefe.

Nur für Könner

Vernunft gehört leider nicht zum Erbgut der Menschheit. Es gibt immer wieder Taucher, die ihre Grenzen austesten wollen, ihren Adrenalinkick brauchen oder sich einfach das Wrack auf 60 Meter anschauen möchten.

Ab 40 Meter sowie bei Tauchgängen, die die Nullzeit überschreiten, hört Tauchen auf, ein harmloser Volkssport zu sein. Hier fängt es an, ein risikoreiches Abenteuer zu werden, besonders tückisch, da die Gefahren nicht offensichtlich sind und das Denkvermögen während des Tauchens ohnehin beeinträchtigt ist.

Aber auch Leichtsinn kennt Schattierungen. Und so können „Tiefengeier" in ihrer Unvernunft etwas vernünftiger handeln. Bei Tauchtiefen über 40 Meter sollten die Tauchpartner extrem nahe beieinander tauchen. Noch besser ist es, sich an der Hand zu fassen. Das beruhigt und strahlt Sicherheit aus. Außerdem kann man Ängste oder einen aufkommenden Tiefenrausch des Partners sofort wahrnehmen. Man sollte den Tauchpartner ständig überwachen, z.B. das Okay-Zeichen abfragen, aber auch sich selbst kontrollieren, etwa mit kleinen Denkaufgaben. Natürlich sollte man auch Tiefenmesser und Uhr bzw. Computer nicht aus dem Sinn verlieren. Bei ersten Anzeichen des Tiefenrausches, wie mangelnde Konzentration, Röhrenblick, metallischer Geschmack, ungewöhnliche Sinneswahrnehmungen, sollte sofort der Partner verständigt und gemeinsam höher getaucht werden. Bedenken wie: „Was sollen denn die anderen von mir denken!" oder „Ich will den anderen den Tauchgang nicht versauen, ich halte schon durch", haben nichts mit

Rücksichtnahme oder Mut zu tun, sondern sind verantwortungslos und entstammen einem mangelnden Selbstwertgefühl.

Eistauchen

Genau wie Höhlentauchen ist Eistauchen kein harmloses Sonntagsvergnügen, sondern eine Extremsportart. Hat man beim Höhlentauchen noch die Ausrede, dass man von den Formationen fasziniert ist, geht es beim Tauchen unter einer Eisdecke ganz offensichtlich nur um den „Kick". Ist ein Taucher erfahren genug und betreibt er die Sache so vernünftig wie möglich, dann sollte man ihm sein Adrenalin gönnen.

Empfehlenswert für jeden, der sich auf dieses Abenteuer einlassen will, ist ein Spezialkurs, in dem man die erforderlichen Techniken und Sicherheitsmaßnahmen kennenlernt. Voraussetzung für die Teilnahme an so einem Kurs ist entsprechende Erfahrung in Kaltwasser und die einwandfreie Beherrschung der Ausrüstung (z.B. des Trockentauchanzuges). Ähnlich wie der Höhlentaucher ist der Eistaucher von der Oberfläche abgeschlossen und kann somit seine natürliche Umgebung nur auf Umwegen erreichen. Das stellt eine starke psychische Belastung dar. Ein Unterschied zum Höhlentauchen besteht allerdings. Bei einem vorschriftsmäßig durchgeführten Eistauchgang hält ein Leinenführer von außen mittels Leine zu dem Taucher Kontakt. Diese „lebendige" Verbindung zur Außenwelt ist nicht nur eine Hilfe, um den Ausstieg zu finden, sondern kann sehr beruhigend wirken.

Ein anderer Risikofaktor beim Eistauchen, aber auch bei offenen Tauchgängen im Winter, ist die Kälte. Zwar wirkt das kalte Wasser nicht direkt auf den Körper, denn der Taucher steckt meist in einem Trockentauchanzug oder zumindest in einem dicken Halbtrockenen. Doch das Gesicht ist der eisigen Umgebung ausgesetzt. An Entspannung der Gesichtsmuskeln ist nicht zu denken. In einem Trockentauchanzug ist die Bewegungsfreiheit stark eingeschränkt. Außerdem verliert der Taucher seinen Tastsinn durch die dicken Handschuhe. Einfache Handlungen, wie etwa das Öffnen und Schließen einer Geräteschnalle, verlangen höchste Konzentration. Sogar erfahrene Taucher können bei all diesen Erschwernissen zu viel Luft ziehen, wenn sie instinktiv, also unbewusst atmen.

Eine hektische Atmung beeinflusst das physische und psychische Befinden negativ, das wissen wir bereits. Bei Tauchgängen im kalten Wasser kommt noch ein technisches Problem hinzu. Im Atemregler entsteht ein zusätzlicher Temperaturabfall, sowie Luft durchströmt. Je stärker der Luftfluss, desto größer ist die Gefahr, dass der Atemregler vereist und abbläst. Eine ruhige Atmung kann diese technische Panne verhindern. Insbesondere bei Extremtauchgängen sollte jeder Taucher sich bewusst auf seine Atmung konzentrieren.

Freitauchen

Freitauchen bedeutet, ohne Tauchgerät, nur mit Maske, Flossen und Schnorchel ausgerüstet, einige Zeit mit angehaltenem Atem unter Wasser zu verweilen. Es geht darum, ein gewisse Strecke zurückzulegen, eine bestimmte Tiefe zu erreichen oder gewisse Aufgaben zu erfüllen, wie etwa Gegenstände antauchen oder die ABC-Ausrüstung unter Wasser anzulegen.

Der Wert des Freitauchens für das Gerätetauchen ist offensichtlich. Je sicherer du bist, einige Zeit ohne Luft aus zu kommen, desto kontrollierter und angstfreier wirst du Notsituationen beim Tauchen meistern können. Leider wird beim Freitauchtraining der Tauchanfänger, der körperlich Schwächere oder der untrainierte Taucher oft unter Leistungszwang gestellt. Heißt es beim Gerätetauchen „Man richtet sich immer nach dem Schwächsten" und „man taucht nicht gegen sein Gefühl", werden beim Freitauchen gewisse Strecken und Tiefen gefordert.

Gratistipps, wie du dein Soll erfüllen kannst, bekommst du bei „Willi Superschlau" am Beckenrand. Er zeigt dir gerne, wie er seine 50 Meter Strecke schafft. „Willi" springt nicht gleich ins Wasser. Er stellt sich vor das Becken und hechelt wie eine herzkranke Bulldogge in der Sommerhitze. Besorgt fragst du dich schon, ob er einen Asthmaanfall erlitten hat. Aber gerade als du ihm zur Hilfe eilen willst, springt er endlich doch ins Wasser. Er schafft tatsächlich die zwei Bahnen.

Damit Willi dich auch von seinem geistigen Potenzial überzeugen kann, klärt er dich, noch immer um Luft japsend, über die Physiologie auf: „Durch das Hypo... Hyper..., na, durch das schnelle Ein- und Ausatmen vor dem Abtauchen reichert

sich das Blut mit Sauerstoff an, da kann man weiter tauchen."

Hyperventilation

Das Bulldoggenhecheln nennt man Hyperventilation. Willi Supermann hat recht mit dem Satz: „Da kann man weiter tauchen." Unrecht hat er mit dem Grund, den er dafür angibt. Vergessen hat er auch, dir zu sagen, dass du dich damit umbringen kannst.

Bei der Hyperventilation erhöht sich der Sauerstoffanteil im Blut kaum. Hingegen wird vermehrt Kohlendioxid abgeatmet. Der Kohlendioxidspiegel im Blut regelt unseren Atemreiz. Steigt das Kohlendioxid auf ein bestimmtes Niveau, haben wir das Bedürfnis zu atmen. Durch das Hyperventilieren wird dieses natürliche Warnsignal ausgeschaltet. Wir können zwar länger unter Wasser bleiben, weil wir gar nicht die Notwendigkeit verspüren zu atmen. Doch kann das zu einem unbemerkten Sauerstoffmangel und somit zu einer plötzlichen Ohnmacht unter Wasser führen, dem sogenannten Schwimmbad-Blackout. Kurz gesagt, Hyperventilieren ist lebensgefährlich.

Freitauchen mit Köpfchen

Wie kannst du deine geforderte Freitauchleistung schaffen, wenn du kein durchtrainierter Supermann bist?

Erste Regel: Lass dich nicht in Stress bringen. Versuche zunächst nicht, eine bestimmte Strecke oder Tiefe zu erreichen. Konkurriere mit niemanden.

Zweite Regel: Vergiss das Vorurteil, beim Freitauchen komme es auf ein gro-ßes Lungenvolumen und starke Beine an. Freitauchen ist in erster Linie eine Sache des Kopfes, des Gefühls und der richtigen Atmung.

Beginne dein Freitauchtraining spielerisch. Konzentriere dich auf dich selbst. Nimm bewusst deine Empfindungen wahr. Wetteifere nicht mit anderen.

Streckentauchen

Beim Freitauchen tust du zwei verschiedene Dinge gleichzeitig. Du hältst unter Wasser die Luft an und du bewegst dich fort. Auch beim Freitauchen können Bewusstsein und Unterbewusstsein besser lernen, wenn Aufgaben schrittweise durchgeführt werden. Lassen wir also bei unseren ersten Übungen die Fortbewegung weg.

Leg dich im flachen Wasser auf die Oberfläche. Atme aus. Spüre, wie du langsam absinkst. Sei dir bewusst, du kannst jeder Zeit aufstehen. Es besteht keine Gefahr. Entspanne dich. Denk nicht daran, dass du Luft brauchst. Das wirst du schon früh genug merken. Wiederhole diese kleine Übung mehrere Male. Führe sie in verschiedenen Variationen aus: Leg dich auf den Rücken, drehe dich um deine eigene Achse, setze dich im Schneidersitz hin.

Nun zur Fortbewegung. Sowie wir uns körperlich anstrengen, brauchen wir mehr Sauerstoff. Im ausgeatmeten Zustand, wie bei den vorangegangenen Übungen, würdest du nicht sehr weit kommen. Deshalb atme vor dem Abtauchen ein. Natürlich bist du versucht, so tief wie möglich einzuatmen, denn dein Sauerstoffvorrat soll eine Weile reichen. Aber gerade das ist falsch!

Du kannst das sehr leicht über Wasser ausprobieren. Atme so tief wie möglich ein und halte dann die Luft an. Spürst du, wie sich dein gesamter Brustkorb verspannt? Fühlst du den Druck in der Bauchgegend? Schon sehr schnell wirst du den Wunsch haben auszuatmen. Jetzt atme nur etwas mehr ein als normal. Halt die Luft an. Dein Brustkorb ist wesentlich entspannter. Einen Druck auf den Bauch fühlst du nicht. Der Wunsch, wieder auszuatmen, wird wesentlich später eintreten.

„Aber wenn ich tief einatme, habe ich mehr Sauerstoff zur Verfügung", protestierst du, „die Verspannung ignoriere ich einfach. Mit mehr Sauerstoff komme ich weiter."

Falsch! Deine Rechnung geht nicht auf. Je tiefer du einatmest, desto mehr Auftrieb hast du. Um unter Wasser zu kommen und zu bleiben musst du gegen den Auftrieb ankämpfen. Dieser Kampf kostet dich deinen zusätzlichen Sauerstoff.

Beginnst du nun die Freitauchübung in der Fortbewegung, versuche nicht, so schnell wie möglich eine bestimmte Strecke zurückzulegen. Im Gegenteil, schwimm so langsam wie nur möglich, egal wie weit du kommst. Entspanne deine Beine, füge dich ins Wasser ein und kämpfe nicht dagegen an. Verspannst du deine Muskeln und schwimmst mit kraftvollen, schnellen Schlägen verbrauchst du mehr Energie, sprich Sauerstoff. Gelingt es dir, langsam und entspannt voran zu kommen, steigere schrittweise das Tempo, achte aber darauf, dass deine Beinmuskeln locker bleiben. Fühlst du dich mit angehaltenem Atem unter Wasser sicher und wohl, kannst du beginnen, dir Ziele zu setzen und deine Grenzen auszutesten.

Bevor du eine längere Strecke tauchst, entspanne dich. Hol zwei- oder dreimal tief Luft. Atme vor dem letzten Atemzug extrem viel aus. So entsteht in deiner Lunge mehr Platz für frische Luftzufuhr. Nimm einen mäßigen Atemzug. Tauche, wenn möglich, dicht am Beckenboden oder Grund. Schwimm zügig, aber entspannt. Macht sich der Atemreiz bemerkbar, hast du noch etwas Reserve. Atme ein bisschen Luft aus, dann schaffst du noch ein paar Meter mehr.

Freitauchen in die Tiefe

Für das Tieftauchen gelten nicht die gleichen Regeln wie für das Tauchen mit Gerät. Hier kommt es zu einem Großteil auf die Anatomie an, auf das Lungenvolumen und auf die Elastizität des Brustkorbes. Du musst mehr einatmen, denn die Luft drückt sich in deiner Lunge zusammen, je tiefer du kommst. Der Brustkorb weist nur eine begrenzte Elastizität auf. Das Lungenvolumen muss also groß genug sein, um genügend Gegendruck zu bieten. Da du tiefer einatmest, musst du auf den ersten Metern kraftvoll gegen den Auftrieb anpaddeln. Vor allem musst du auf deinen Druckausgleich in Ohren und Maske achten. Brich den Tauchversuch ab, wenn der Druckausgleich nicht auf Anhieb funktioniert. Tauche beim ersten Anzeichen von Atemnot auf. Denke daran, es ist noch ein weiter Weg nach oben. Extremere Tieftauchversuche sollten auf jeden Fall von einem zweiten Taucher überwacht werden.

Der Hai: Monster oder faszinierendes An- schauungsobjekt?

Lebewesen unter Wasser

Haie

„Gibt es hier Haie?" Kein Mensch fragt mich, ob es hier Heringe, Sardinen oder Langnasenbüschelbarsche gibt! Wenn mich ein interessierter Taucher nach die- sen aquadynamischen Räubern fragt, kann ich das sehr gut verstehen. Unum- stritten ist der Hai einer der faszinierends- ten und elegantesten Fische, die es gibt.

Für denjenigen aber, der diese Frage aus ängstlicher Ablehnung stellt, wäre es sinnvoller sich zu erkundigen, ob es hier Autos gibt. Zweifellos bist du in größerer Gefahr, wenn sich dir ein Auto nähert, als wenn ein Hai käme. Haiangriffe sind sel- ten. Deshalb werden sie von der Presse zu auflagesteigernden Schlagzeilen hoch- stilisiert. Es gibt nur wenige Haiarten, die dem Menschen gefährlich werden könn- ten. Diese Räuber leben in der Tiefsee. Ein Taucher am Riff wird sie kaum zu Gesicht bekommen. Haiattacken in Küs- tennähe schließen oft menschliches Mit- verschulden nicht aus. Wellenreiter, die in Gebieten surfen, in denen große Haie jagen, müssen damit rechnen, von einem kurzsichtigen Hai mit einer Robbe ver- wechselt zu werden. Harpunenfischer brauchen sich auch nicht zu wundern, wenn ein Hai ihnen die im Todeskampf zappelnde Beute abjagen will. Die Haie, die du bei einem Tropentauchgang am Riff entdeckst, sind eher scheu. Außerdem passt ein Taucher mit all seiner Ausrüstung gar nicht in das Beuteschema eines Haies. Am besten verhältst du dich so ruhig wie möglich, falls du einem Hai begegnest. So hast du vielleicht die Chance, dir dieses faszinierende Wunderwerk der Natur eingehend zu betrachten.

Muränen

Fällt der Hai als furchteinflößendes Monster weg, muss die Muräne herhalten. Muränen ähneln in ihrer Körperform der Schlange. In unserem Kulturkreis hat dieses Reptil nun einmal einen schlechten Ruf. Außerdem reißt die Muräne ständig scheinbar angriffslustig das Maul auf. Muränen atmen auf diese Weise. Vor allem kleinere Muränen zwicken hin und wieder, wenn sie sich von der Riesenpranke eines

dieser blasenspeienden Ungeheuer bedroht fühlen. Große, dicke Muränen lassen sich nicht so leicht erschrecken. Von ernsthaften Verletzungen durch Muränenbisse habe ich bis jetzt nur gehört in Gebieten, in denen Muränen angefüttert werden. Aber auch dann handelte es sich nie um Aggressivität. Die Muränen hatten den Taucher lediglich mit dem angebotenen Futter verwechselt.

Giftfische

Mit Ausnahme des Rotfeuerfisches sind giftige Fische wie Drachenkopf, Skorpionsfisch, Steinfisch und Petermännchen gut getarnt. Alle diese Arten haben giftige Stacheln auf dem Rücken. Im Allgemeinen ist es besser, unter Wasser nichts zu berühren. So tust du dir erstens nicht weh und zweitens kannst du nichts zerstören.

Muränen sind besser als ihr Ruf.

Der Rotfeuerfisch: schön, aber giftig.

Sollte es aber nicht zu vermeiden sein, zum Beispiel bei Strömung, pass genau auf, wo du hinfasst. Handschuhe schützen nicht vor den Stacheln der Giftfische. Im Gegenteil, da du kein Gefühl in den behandschuhten Fingern hast, ziehst du deine Hand nicht reflexartig zurück, wenn du etwas Ungewöhnliches ertastest. Verwunderlich ist, dass beispielsweise auf den Malediven, wo Steinfische, Skorpionsfische und unvorsichtige Touristen häufig in Ufernähe vorkommen, fast keine Unfälle passieren. Verdanken tun wir das nur den Fischen selbst. Die mögen es nämlich ganz und gar nicht, wenn jemand auf ihnen herumtrampelt. Blitzschnell bringen sie sich in Sicherheit.

Stachelrochen

Stachelrochen stellen kaum eine Gefahr für Taucher oder Schnorchler dar. Selbst wenn man sie aufschreckt, machen sie keine Anstalten sich zu wehren, sondern flüchten. Badende, die im Flachwasser herumplanschen, gehen ein größeres Risiko ein. Ein Rochen, der sich gerade im Sand ein gemütliches Lager gebuddelt hat, könnte es übel nehmen, wenn ihm jemand auf den Kopf steigt. Der Stachel an seinem Schwanz ist mit kleinen Widerhaken versehen und kann böse Wunden reißen. Wer im Flachwasserbereich herumspaziert, sollte über den Boden schlurfen und nicht mit dem Fuß von oben herumstapfen. So gibst du dem Fisch eine Chance, sich vor dir in Sicherheit zu bringen.

Vor einigen Jahren machte der Fall eines australischen Filmemachers Schlagzeilen. Der Mann wurde von einem Stachelrochen tödlich verletzt. Der Stachel bohrte sich direkt in sein Herz. Es ist nicht auszuschließen, dass Rochen Herztöne wahrnehmen können und das Tier gezielt gehandelt hat. Allerdings ist in den Filmen des Betroffenen ersichtlich, das er mit den Rochen und anderen Tieren sehr unvorsichtig umging, sie belästigte und sich von ihnen ziehen ließ. Verständlich, dass ein wildlebendes Tier sich auch einmal wehrt.

> Werden „gefährliche" Fische in ihrem natürlichen Verhalten nicht beeinflusst oder bedrängt, ignorieren sie im allgemeinen die Taucher oder flüchten vor ihnen.

Drückerfische

Die einzigen aggressiven Fische, die lästig werden können, sind die großen Drückerfische. Wenn sie ihre Nester bewachen, greifen sie alles an, was in ihre Nähe kommt. Sie haben stumpfe Zähne, aber ein kräftiges Gebiss. Die Bisse verursachen blaue Flecken oder kleine Wunden. Das ist schmerzhaft, aber nicht lebensbedrohlich. Meist erwischt der Drückerfisch den Taucher ohnehin nur bei den Flossen. Wirst du von einem Drückerfisch angegriffen, halte ihm die Flosse entgegen. Tritt aber nicht nach ihm, das macht ihn nur noch wütender. Bewege dich nicht. Versuche, durch Einatmen oder aufblasen des Jacketts etwas höher zu kommen. Dreht er dir den Schwanz zu, nimm die Gelegenheit zum Rückzug wahr. Rühr dich nicht, sobald er sich wieder umdreht.

Vom Stachelrochen sollten Sie lieber Abstand halten!

*Der Drückerfisch kann aggressiv wer-
den, wenn er sein Nest verteidigt.*

Passive Gefahren

Neben den aktiven „Angstmachern" gibt
es noch passive „Feinde" wie die Feuerkoralle, verschiene „Nesselkräuter" (Hydrozoen), Anemonen, Quallen und See-
igel. Da es beim Ausweichmanöver auf die
Umsicht und die Körperbeherrschung der
Taucher ankommt und nicht auf die Ge-
schicklichkeit der Tiere, sind unliebsame
Kontakte nicht selten. Erste-Hilfe-Maßnahmen bei Nesseltieren unter Wasser: Die
betroffene Hautstelle mit Sand oder einer
rauen Oberfläche wie dem Ende des Blei-
gurtes, Jacketts etc., abreiben. An Land
mit Säure behandeln, zum Beispiel Essig-
oder Zitronensäure. Die Vernesselungen
sind zwar äußerst unangenehm, aber

harmlos. Da der Schmerz an Land auch
nicht besser zu ertragen ist als im Wasser, besteht kein Grund, unbedingt aufzutauchen. Betrachte den Schmerz als
Lehrgeld und pass das nächste Mal besser auf!

Anders ist es bei Berührungen mit Quallen. Diese können eine allergische Reaktion hervorrufen. Du solltest sofort deinen
Tauchpartner verständigen und einen Ab-
bruch des Tauchgangs in Erwägung ziehen.

Seeigelstachel solltest du nicht mit
einer Nadel aus der Haut pulen. Die
Stacheln lösen sich von selbst auf. Zi-
trone oder Papaya auf die Einstiche
geben, das kann den Auflösungsprozess
beschleunigen.

Feuerkoralle

Hydrozoen

Tauchen ist (k)ein Kinderspiel

An dieser Stelle möchte ich noch auf wichtiges Thema eingehen, das besondere Aufmerksamkeit verdient: das Tauchen mit Kindern und Jugendlichen. Dabei entstehen oft andere Schwerpunkte und Probleme als bei erwachsenen Tauchschülern. Angst, die für erwachsene Taucher oft eine so große Rolle einnimmt, war nie das große Thema bei meinen jüngsten Tauchschülern. Kinder gehen viel unvoreingenommener und weniger kopflastig an die Tauchübungen heran als Erwachsene. Einem Kind brauche ich nicht zu erklären, dass es womöglich Beklemmungen bekommt, wenn es ohne Maske unter Wasser atmen muss. Meist klappt es auf Anhieb, wenn nicht wird kurz geschnäuzt und gehustet und dann wieder runter mit dem Kopf in das kühle Nass. Oft hatte ich noch nicht einmal Gelegenheit, meine klugen Ratschläge loszuwerden. In meiner langjährigen Praxis hat noch kein jugendlicher Tauchschüler den Kurs abgebrochen, weil er die Übungen nicht „packte".

Auch hat es mich oft verwundert, wie sogar überaktive 12-Jährige interessiert der Theorie lauschten und sie offensichtlich auch begriffen. Hatte ich neben einem Kind auch einen Lehrer oder Doktor im Kurs, schloss ich heimlich Wetten ab, wer wohl als Erster verstehen würde, wie ein Automat an die Tauchflasche geschraubt wird. „Meine" Kids haben mich nie enttäuscht.

Es macht Spaß, als Tauchlehrer mit Jugendlichen zu arbeiten, und auch die El-

tern sind mächtig stolz auf ihre Sprösslinge. Ich habe Kinder ab dem zwölften Lebensjahr ausgebildet und habe das Glück, nur gute Erfahrungen gemacht zu haben. Allerdings war ich mir auch immer der großen Verantwortung bewusst.

Es besteht jedoch die Gefahr, diese kleinen Naturtalente zu überschätzen. Auch wenn die Kids kaum bewusste Ängste zeigen, gehorchen sie meist noch mehr als die Erwachsenen ihren unbewussten Instinkten. Wie bereits mehrfach erläutert, sind es gerade die Meinungsverschiedenheiten zwischen bewusstem Denken und Unterbewusstsein, die beim Tauchen zu Fehlverhalten führen können.

Solange keine unerwarteten Zwischenfälle auftreten, ist das Tauchen mit Kindern in einer angemessenen Tiefe kein Problem. In einer Stresssituation allerdings, wie zum Beispiel bei Ermüdung in einer Strömung, wenn der Tauchpartner nicht mehr zu sehen ist oder bei einem technischen Defekt der Ausrüstung, ist ein Heranwachsender weitaus weniger in der Lage, rational zu handeln. Beim Erwachsenem baut sich vor einer Panik oft Angst auf. Wird die Angst erkannt und richtig gehandelt, kann eine Panik meist vermieden werden. Beim Kind ist der Weg vom Wohlbefinden zur Panik kürzer, da kritische Überlegungen meist fehlen.

Es genügt also nicht, lediglich eine Tiefenbegrenzung für das Kindertauchen festzulegen. Es muss auch gewährleistet sein, dass die Rahmenbedingungen stimmen. Strömungen, Tauchen in kalten, dunklen Gewässern oder enge Grotten sollten vermieden werden. Weiterhin sollte ein erwachsener, erfahrener Taucher höchstens zwei Kinder auf einmal beaufsichtigen. Sogar ein erfahrener Tauchlehrer ist mit mehr als zwei Kindern überfordert.

Auch körperliche Aspekte müssen bei Kindern in Betracht gezogen werden. Das beginnt schon mit dem Tragen der schweren Ausrüstung an Land. Welches Gewicht kann ein Kind tragen, ohne Schaden zu nehmen? Kinder kühlen auch früher aus als Erwachsene, häufig ohne es selbst zu bemerken. Sie scheinen oft unempfindlich gegen Kälte, obwohl sie schon blau anlaufen. Unter Wasser fällt außerdem auf, dass Kinder sich mehr bewegen. Ich habe es aufgegeben, Kindern bis etwa zum 16. Lebensjahr einen ruhigen, bewegungsarmen Schwimmstil aufzuzwängen oder sie anzuleiten, nicht mit den Armen zu rudern. Zum einem folgen sie dem natürliche Bewegungstrieb, zum anderen müssen die Knirpse oft mit den Armen das Gleichgewicht halten, da die Ausrüstung nicht zu ihren Proportionen passt. Das bedeutet, dass Kinder bei geringerer Körperkraft mehr Energie verbrauchen, als ein Erwachsener beim gleichen Tauchgang.

Was mich beunruhigt ist der Trend, dass Kinder immer früher Tauchen lernen, denn Tauchen ist zwar kinderleicht, aber eben doch kein Kinderspiel. Galt früher je nach Organisation 12 oder 14 Jahre als Mindestalter, werden heutzutage Tauchkurse schon für 8-Jährige angeboten.

Zugegeben, die Knirpse sehen niedlich aus in ihren winzigen Neoprenanzügen und der überproportionalen Ausrüstung. Sie sind auch meist eifrig bei der Sache und werden wohl nur in Ausnahmefällen von ehrgeizigen Eltern dazu gezwungen. Die Kleinen erfüllen aber auch ihren Zweck zur Steigerung des Bruttosozialproduktes. Mit dem Kindertauchen wurde eine neue Marktnische entdeckt.

Die wichtige Frage ist allerdings, ab welchem Alter Kinder psychisch und körperlich reif für den Tauchsport sind und inwieweit sie das wichtige theoretische Wissen verstehen können, das sogar so mancher Erwachsene nicht ganz nachvollziehen kann.

Hier möchte ich einen Fachmann zu Worte kommen lassen. Der in Taucherkreisen wohlbekannte Dr. Christian Beyer ist Kinder- und Jugendkardiologe und Taucharzt. Er beantwortet an dieser Stelle die wichtigsten Fragen zum Thema Kindertauchen.

Wenn mich Eltern fragen, ob ihr Kind tauchen darf, so gibt es darauf keine schnelle Antwort. Natürlich ist Tauchen für mich eine der schönsten Sportarten, aber es ist auch nicht so einfach wie Fahrradfahren. Wir tauchen ein in eine fremde Welt mit völlig anderen Gesetzen und unerwarteten Gefahren. Natürlich ist es für Kinder faszinierend, schwerelos zu schweben und bunten Fischen zuzuschauen. Wir als Eltern sollten uns jedoch fragen, welche Gefahren für das Kind beim Tauchen bestehen. Fangen wir mit der häufigsten Frage an:

Ist mein Kind alt genug zum Tauchen?

Wir wissen, dass sich die Lungenbläschen noch bis zum 8. Lebensjahr entwickeln und danach die Lungenstruktur nur noch an Zahl und Größe zunimmt. Allerdings gibt es bei Kindern große Differenzen in der körperlichen Entwicklung, so dass erst ab 10 Jahren mit Sicherheit von einer ausgereiften Lungenstruktur gesprochen werden kann. Das Herz-Kreislauf-System eines 10-jährigen Kindes ist noch weit entfernt von der Belastbarkeit eines 16-jährigen Jugendlichen. Die für das Tauchen wichtigen physikalischen Gesetze müssen verstanden und praktisch umgesetzt werden. So kann bereits ein Aufstieg mit Atemanhalten aus geringer Tiefe zu einem Lungenriss führen. Die Altersspanne von 8 bis 16 Jahren umfasst den Übergang von der Kindheit in die Adoleszenz mit der schwierigen Phase der Pubertät bis zum jungen Erwachsenenalter. Dabei kommt es zu einem Wachstumsschub mit starken körperlichen Änderungen (und der Gefahr von Schädigungen) und zu einem erheblichen neuronalen Umbau mit entsprechender psychischer Labilität.

Es entstehen deshalb in der Bewertung zwischen einem 8- bis 10-jährigen Kind und einem 14- bis 16-jährigen Jugendlichen große Unterschiede. Ich halte aus diesem Grund eine kindgerechte Tauchausbildung frühestens ab dem 10. Lebensjahr für sinnvoll.

Wie tief darf mein Kind tauchen?

Es gibt keine tauchmedizinische Untersuchungen, bei denen geprüft wird, welche Tauchtiefe für Kinder noch erträglich ist. Wir wissen aber, dass mit zunehmender Tauchtiefe die Gefährdung bei auftretenden Problemen potenziell zunimmt. So berichtet die Zeitung „unterwasser" von einem 14-jährigen Mädchen, das nach einem Notaufstieg aus 25 Meter Tiefe (weil ihr versehentlich die Maske vom Gesicht geschlagen wurde) bereits an der Oberfläche Blut hustete und 12 Stunden später verstarb. Jeder fatale Unfall eines Kindes beim Tauchen ist ein Unfall zu viel! Kein Kind muss tauchen! Wir müssen deshalb das Risiko eines Unfalls so gering wie möglich halten. Ich denke, dass eine Tauchtiefe von 8 bis 10 Meter bis zum 12. Lebensjahr völlig ausreichend ist. Hat ein Jugendlicher mit 14 Jahren schon mehr als 20 Tauchgänge absolviert, so ist eine Tauchtiefe bis 15 Meter zu vertreten.

Wie lange darf mein Kind tauchen?

Wir wissen aus der Kinderheilkunde, dass die Aufmerksamkeitsdauer eines Kindes im Vergleich mit Erwachsenen deutlich kürzer ist (mit starken individuellen Schwankungen). Gleichzeitig ist bekannt, dass es bei Kindern schneller zu einer Unterkühlung kommt. Frieren oder bereits Kältezittern führen zu einem Verlust von Konzentrationsfähigkeit. Abhängig von der Wassertemperatur und vom Kälteempfinden des Kindes ist eine Tauchdauer vom 10. bis 14. Lebensjahr von 30 Minuten ausreichend. Vom 14. bis 16. Lebensjahr kann in der Regel 45 Minuten getaucht werden. Dies sind nur Empfehlungen, ent-

scheidend ist die Beurteilung des Ausbilders unter Wasser.

Kann die schwere Ausrüstung meinem Kind schaden?
Besonders in der Pubertät mit dem ausgeprägten Wachstumsschub kann es zu Schädigungen des Skelettsystems durch Überlastung oder Fehlbelastung kommen. Dieses gilt insbesondere für die Wirbelsäule sowie für die Hüft- und Fußgelenke. Das lange Tragen einer schweren Ausrüstung zum Tauchplatz sollte vermieden werden. Auch wenn es von Jugendlichen als „uncool" angesehen wird, ist Hilfe von Erwachsenen beim Tragen und beim An- und Ablegen des Tauchgerätes dringend zu empfehlen. Das Gewicht kann durch kleinere Flaschen reduziert werden. Zur Schonung der Fußgelenke bei Kindern ist ein weiches Flossenblatt ratsam. Wichtig ist bei der Tauchtauglichkeitsuntersuchung, auf bereits bestehende Fehlhaltungen und Schäden zu achten.

Darf mein Kind mit Asthma tauchen?
Untersuchungen haben gezeigt, dass sowohl ein Überdruck in der Lunge als auch eine verminderte Lungenelastizität zu einer arteriellen Gasembolie führen können. Bei einer retrospektiven Untersuchung von Kindern und Jugendlichen, die auf Hawaii einen Tauchunfall erlitten hatten, hatten fast 50% eine Vorgeschichte mit einer Asthmaerkrankung. Kein Kinderpulmologe konnte mir bisher zu 100% garantieren, dass es bei einem Kind mit einer Asthmaerkrankung unter Wasser nicht zu einem Anfall kommen kann. Beim Asthma kommt es durch eine Vielzahl von Ursachen zu einer Fehlfunktion der Atemwege, die von Person zu Person, aber auch bei der selben Person in der Schwere und Dauer erheblich variieren können.

Bei Jugendlichen ab dem 16. Lebensjahr tritt häufig eine Verbesserung der Symptome ein; dann kann eine individuelle Entscheidung getroffen werden. Bis zu diesem Alter halte ich ein Tauchen von Kindern mit Asthma für zu risikoreich.

Mein Kind hat ADHS und nimmt das Medikament Ritalin. Darf es damit tauchen?
Auch beim Aufmerksamkeitsdefizit-Hyperaktivitäts-Syndrom hat man es mit einer Erkrankung zu tun, die viele Ursachen hat. Kürzlich durchgeführte MRT-Untersuchungen haben gezeigt, dass eine Reifungsverzögerung im Frontalhirnbereich vorliegt. Neben genetischen Ursachen und Störungen des Dopaminstoffwechsels mag das eine der verschiedenen Ursachen für die Symptome Konzentrationsstörungen, Hyperaktivität und impulsives Verhalten sein. Dieses Verhalten führt beim Tauchen zu einer deutlich erhöhten Gefährdung des Kindes.

Mit verschiedenen Medikamenten können die Symptome heute verbessert werden. Im Beipackzettel werden jedoch gefährliche Tätigkeiten ausdrücklich ausgeschlossen. Das heißt: Unter Medikation sollte nicht getaucht werden. Wie bei Asthma ist eine Neubewertung im Alter von 16 bis 18 Jahren möglich.

Mein Kind hat einen Herzfehler. Kann es damit tauchen?

Die Vielzahl von Herzfehlern ist groß und der Schweregrad kann so unterschiedlich sein, dass jede Beurteilung individualisiert werden muss. Generell kann gesagt werden, dass alle Herzfehler, die zu einer Einschränkung körperlicher Belastbarkeit führen, ein Tauchverbot mit sich bringen. Patienten mit Vorhofseptumdefekten, die zu einem Übertritt von Mikrobläschen in den systemarteriellen Kreislauf führen könnten, dürfen nicht tauchen, auch wenn sie körperlich gut belastbar sind. Bei Kindern und Jugendlichen ist die Häufigkeit des Auftretens eines persistierenden Foramen ovale (PFO) im Vergleich zu Erwachsenen erhöht.

Wir wissen aus der sogenannten „Taucherstudie", dass es durch das Tauchen mit einem PFO zu einem vermehrten Übertritt von Gasbläschen und anschließenden Mikroinfarkten im Gehirn kommen kann. Es gibt keine Studien im Kinder- oder Jugendalter. Bei tiefen Tauchgängen müsste auch hier ein erhöhtes Gefährdungsrisiko vorliegen. Es gibt auch seltene Herzrhythmusstörungen, die unter Stresssituationen zu einem plötzlichen Herztod führen können. Ein EKG gehört deshalb grundsätzlich zu einer Tauchtauglichkeitsuntersuchung.

Wie kann ich das Risiko für mein Kind beim Tauchen verringern?

Dazu gibt es für mich drei Ansätze:

1. *Eine ausführliche und auf mein Kind zugeschnittene Tauchtauglichkeitsuntersuchung mit ausführlicher Anamnese und Berücksichtigung der körperlichen und psychischen Entwicklung.*

Ein wichtiger Punkt ist die Erhebung einer sehr ausführlichen Anamnese mit besonderem Schwerpunkt auf allergische Erkrankungen. Aber auch Erkrankungen in der Familie (plötzliche Todesfälle) müssen besonders berücksichtigt werden. Die körperliche Untersuchung muss neben den üblichen Schemata einen Schwerpunkt auf den Bewegungsapparat legen. Es sollte darüber hinaus versucht werden, mit gezielten Fragen solche Kinder und Jugendliche herauszufinden, die ein besonders risikofreudiges Verhalten aufweisen. Ein EKG und ein Lungenfunktionstest sind selbstverständlich.

2. *Eine ebenso gestaltete Tauchausbildung, die zu einem verantwortungsbewussten Tauchen anleiten.*

3. *Ein besonders ausgebildeter Tauchpartner, der über die körperlichen und psychischen Besonderheiten von Kindern und Jugendlichen informiert und so erfahren ist, dass er auch in Notsituationen sicher handeln kann.*

Ich habe jetzt nur einige wenige Aspekte über das Tauchen mit Kindern und Jugendlichen aus tauchmedizinischer Sicht aufgegriffen, um zu verdeutlichen, dass der Tauchsport nur durch verantwortungsvolles Handeln aller Beteiligten (Eltern, Tauchmediziner, Ausbilder und Tauchpartner) mit einem vertretbaren Risiko ausgeführt werden kann.

So, wenn ihr bis hierher gelesen und vielleicht einige Tipps entdeckt habt, die ihr selbst gern ausprobieren würdet, um eure Tauchgänge entspannter und mit mehr Spaß zu gestalten, dann nichts wie los! Rein in den Neoprenanzug, Flossen an, abtauchen und – genießen. Und falls ihr für euren nächsten Tauchurlaub noch spannende Urlaubslektüre braucht, kann ich euch meinen autobiographischen Roman „Kuba – Liebe zwischen den Fronten" empfehlen (ISBN 978-3-99003116-2). Wer das Buch direkt bei mir bestellen will, bekommt auf Wunsch auch eine Widmung: monika.rahimi@gmx.net.

Zum Schluss: Ein Wort an den Tauchlehrer

Erstaunlicherweise kennen die wenigsten Taucher die natürliche Atemtechnik, obwohl diese Theorie doch so verblüffend logisch und die praktische Anwendung so einfach ist. Aber immerhin hat es auch Jahrhunderte der Menschheitsgeschichte gebraucht, ehe Newton bemerkt hat, dass Äpfel nach unten fallen. Verwunderlich ist auch die Reaktion einiger Tauchlehrer, mit denen ich über das Thema gesprochen habe: „So wenig Blei ist doch gefährlich." „Mit Atemtechnik überforderst du den Anfänger in der ersten Stunde." „Ich bilde seit Jahren meine Anfänger normal aus, bis jetzt fanden die das toll!"

Aber die Erde ist keine Scheibe ... und sie bewegt sich doch! Warum also der Stillstand im sonst so bewegten Taucherkosmos? Da mag ich den Einwand lieber: „Wie soll ich jedem Schüler atmen zeigen, wenn ich zehn oder mehr Leute auf einmal im Wasser habe?" Damit treffen wir nämlich ein Problem der Tauchausbildung wie den Nagel auf den Kopf. Dass eine individuelle und persönliche Betreuung der Tauchschüler immer schwieriger wird, je größer die Schülergruppe ist, liegt auf der Hand. Doch das steht hier nicht zur Debatte. Die Fragen, die interessieren sind:

- Wie lehrt man die natürliche Atemtechnik?
- Welche Vorteile bringt die natürliche Atemtechnik im Tauchunterricht?
- Lässt sich die natürliche Atemtechnik im kommerziellen Tauchbetrieb realisieren?

Wie lehre ich die natürliche Atemtechnik?

Der Schüler bekommt im Schnitt 2 bis 3 Kilogramm weniger Blei, als er ohne die natürliche Atemtechnik bräuchte, um unterzugehen. Wie viel das ist, hängt von der Ausrüstung und dem spezifischen Gewicht des Körpers ab. Fettgewebe ist bei gleichem Volumen leichter als Muskeln, es hat demzufolge mehr Auftrieb.

Zunächst lasse ich den Anfänger im Wasser so atmen, wie er will. Geht er dabei unter, nehme ich ihm Blei ab. Oft streckt er schon nach ein paar Atemzügen den Kopf aus dem Wasser mit einem vorwurfsvollen „Ich komme ja gar nicht runter."

Nun kläre ich den Schüler über seine reflexartige Atmung und die Vorteile der natürlichen Atemtechnik auf. Es ist wichtig für den Tauchschüler, sein unbewusstes Verhalten zu erkennen und den Sinn seines Tuns zu begreifen. Dann erkläre ich ihm die Handzeichen, die ich benütze, um ihm das Atmen anzuzeigen. Ich weise nochmals darauf hin, dass gerade der Stopp nach dem Ausatmen notwendig ist. Das ist die Phase, in der der Körper absinkt. Ebenso wichtig ist es, nach dem Einatmen die Luft nicht anzuhalten. Neben der Atemtechnik ist aber auch die körperliche Entspannung von großer Bedeutung. Verkrampfte Muskeln treiben nach oben. Auch das muss der Schüler wissen.

Mit einer Hand fasse ich nun die Hand des Schülers. Das gibt ihm zum einen eine gewissen Sicherheit, zum anderen kann ich durch die Berührung den Grad seiner Verspannung spüren. Jetzt zeige ich dem Beginner mit meiner freien Hand, wie er atmen soll:

Handrücken von ihm weg – einatmen.
Handrücken zu ihm hin – ausatmen.
Handfläche vor sein Gesicht – Stopp.

Schon nach wenigen Atemzügen sind wir gemeinsam abgesunken und liegen bäuchlings auf dem Grund (im Flachwasser). Ich bevorzuge für Übungen im Flachwasser die Bauchlage. Der Schüler kann sich in der gestreckten Haltung besser entspannen, als wenn er im Wasser sitzt oder kniet.

Kann der Anfänger sich – zumindest eine Weile – ohne meine Handzeichen auf seine Atmung konzentrieren, wende ich meine Aufmerksamkeit seinem Körper zu. Ich nehme seine beiden Hände und schüttle seine Arme leicht, um ihn daran zu erinnern, dass er sich entspannen muss. Das gleiche kann ich mit seinen Beinen tun, sobald ich sehe, dass die Muskeln des Unterkörpers verspannt sind und die Beine nach oben treiben. Bei sehr verkrampften Personen hilft es, sie um ihre eigene Achse zu drehen. So erfahren sie die dreidimensionale Beweglichkeit. Dabei verlieren sie leichter die Angst vor dem Fallen.

Der Handkontakt zwischen Tauchlehrer und Tauchschüler ist auch im weiteren Verlauf der Ausbildung wichtig. Gerade bei den ersten tieferen Tauchgängen bedeutet die Hand des Tauchlehrers Geborgenheit in der fremden Welt und die Rettung, die im Notfall näher ist als die Wasseroberfläche. Für den Tauchlehrer ist die Berührung ein zuverlässige Anzeige für die Gefühlsskala seines Anfängers. Es gibt viele Tauchschüler, aber auch erfahrene Taucher, die ruhig und lässig erscheinen, jedoch innerlich total verspannt sind.

Mit der natürlichen Atemtechnik handelt der Tauchschüler gegen seine Instinkte. Deshalb muss er sich zunächst konzentrieren, bis sein Unterbewusstsein den Atemrhythmus als normale Verhaltensweise akzeptiert hat. Das ist ähnlich wie Autofahrenlernen. Zunächst denkst du noch darüber nach, mit welchem Fuß du die Kupplung treten musst oder wie du schaltest. Mit etwas Fahrpraxis geht das dann ganz automatisch.

Natürlich lässt die Konzentration des Anfängers bei den ersten Tauchgängen ab und zu nach, gibt es doch so viele neue Eindrücke, die ablenken. Da muss der Tauchlehrer eingreifen. Steigt der Schüler ungewollt nach oben, muss er durch Handzeichen wieder nach unten dirigiert werden. Das gilt besonders am Schluss des Tauchgangs, wenn die Flasche leichter wird und deshalb noch intensiver auf das Ausatmen geachtet werden muss.

Besonders bei ängstlichen oder nervösen Schülern ist es hilfreich, anfangs vor und nach einer Übung (Maske ausblasen, ohne Maske tauchen, Wechselatmung etc.) das Atmen zu zeigen. Denn die Übungen sollen bewusst und ruhig erfahren und nicht hektisch mit „Ach und Krach" abgehakt werden.

Als Tauchlehrer steht dir aber nicht nur die natürliche Atemtechnik zur Verfügung, um den Schüler stressfrei an das Tauchen heranzuführen. Ebenso einfach wie wirkungsvoll ist das Erkennen und Erklären der unbewussten Ängste und des instinktiven Fehlverhaltens des Landlebewesens unter Wasser. Beide Methoden zusammen wirken manchmal Wunder.

Die Vorteile der natürlichen Atemtechnik

Die Vorteile für den Tauchschüler liegen auf der Hand. Jeder Anfänger, ob er zu den ängstlichen Naturen gehört oder nicht, atmet unter Wasser in einem reflexgesteuerten, widernatürlichen Atemrhythmus. Mit dieser Atmung verspannt er seinen Brustkorb und beeinflusst damit sein physisches und psychisches Befinden negativ. Durch das Atmenzeigen wird der Schüler gezwungen, bewusst und kontrolliert zu atmen. Selbst ein ängstlicher Taucher kann sich in keine Panik hineinsteigern, solange er ruhig atmet. Ein extrem hoher Luftverbrauch, wie er gerade im Anfängerstadium vorkommt, wird mit der natürlichen Atmung von vornherein unterbunden. Der Tauchschüler fühlt sich nicht durch übermäßig viel Blei mechanisch in die Tiefe gezogen. Er schwebt und kann mit seiner Atmung selbst bestimmen, ob er hoch oder runter will. Das größte Risiko bei der Ausbildung, der Panikaufstieg mit angehaltener Luft, wird entschärft. Der Reflex, die Luft anzuhalten, wird dem Tauchschüler bei der natürlichen Atemtechnik abgewöhnt.

Indem du als Tauchlehrer die unbewussten Ängste erklärst, kannst du gerade sehr ängstlichen Anfängern eine Portion Selbstvertrauen zurückgeben. Sie fühlen sich nicht als Versager oder „Hasenfüße" nach dem Motto: „Das kann ich sowieso nicht", sondern begreifen, dass ihre Furcht normal ist. Wissen sie um den Ursprung der Angst, können sie die Auswirkung leichter rational beseitigen.

Auf den Schultern eines Tauchlehrers lastet eine große Verantwortung. Menschen vertrauen dir immerhin ihr Leben an. Der Anfänger, aber auch ein „fertiger" Taucher mit relativ wenig Erfahrung, ist in dem fremden Element kein eigenverantwortliches, mündiges Individuum. In einer kritischen Situation verlangt man von dir, dem Tauchlehrer, als Allwissender zu handeln.

Aber welche Möglichkeiten hast du, wenn ein Taucher plötzlich die Augen weit aufreißt, unkontrolliert mit den Armen fuchtelt und atmet wie eine Dampflok auf dem Weg zum Titicacasee? Du weißt, die Panik ist vorprogrammiert, aber ihr schwebt 20 Meter in der Tiefe.

An die Hand nehmen, in die Augen schauen, langsam aufsteigen sind hilfreiche Maßnahmen. Allerdings ist keine effektiv genug, den Taucher auf der Stelle zu beruhigen und den Tauchgang gelassen fortzuführen. Mit dem „Atmen zeigen" hast du ein unschätzbares Werkzeug in der Hand. Keine andere Methode erlaubt dir so schnellen und unmittelbaren Einfluss auf die Emotionen deines Schützlings. Eine aufkommende Panik kann in

Sekunden gestoppt werden, ist der Tauchschüler auf die Hand seines Lehrers fixiert.

Ist die natürliche Atemtechnik im kommerziellen Tauchbetrieb realisierbar?

Ein Tauchlehrer, der gezwungen ist, mehr als sechs Schüler gleichzeitig auszubilden, kann sich schlecht auf die natürliche Atemtechnik einlassen. Er sollte lieber weiterhin nach dem „Darwinistischen Prinzip" verfahren: Nur die Härtesten kommen durch.

Mit der natürlichen Atemtechnik und dem Erklären der Ängste haben aber nicht nur die „Harten" Gelegenheit, schnell, sicher und entspannt tauchen zu lernen. Tauchen kann jeder, der die gesundheitlichen Voraussetzungen mitbringt. Allerdings benötigen die Anfänger zunächst die Aufmerksamkeit eines geduldigen Tauchlehrers. Ein Tauchlehrer kann aber nur hinreichend auf den Schüler eingehen, wenn die Gruppe nicht zu groß ist.

Zwei bis drei Anfänger im Unterricht sind ideal. Einzelunterricht kann aus einem hoffungslosen Fall einen begeisterten Sporttaucher machen. Vier bis sechs Schüler sind zuweilen machbar. Manchmal „reißen" die Besseren die Schwächeren mit. Doch kann es auch sein, dass ein ängstlicher Anfänger sich überfordert fühlt und mehr Zuwendung braucht. Dann muss die Gruppe aufgeteilt werden.

Der Zeitaufwand für einen Tauchkurs mit der natürlichen Atemtechnik ist der gleiche wie bei allen anderen Tauchkursen. Es werden nur andere Prioritäten gesetzt.

Atemtechnik, körperliche Entspannung und die **stressfreie** Durchführung der Grundübungen (ohne Maske tauchen, Maske ausblasen, Wechselatmung) stehen im Vordergrund. Für einen kleineren oder mittleren Tauchbetrieb ist es durchaus lohnend, mit einer Methode auszubilden, die ein wesentlich breiteres Publikum anspricht. Aus Tauchanfängern werden „richtige" Taucher. Angstfrei macht Spaß, also tauchen sie öfter.

Aber abgesehen von der kommerziellen Sicht bietet die Tauchausbildung mit der natürlichen Atemtechnik und die Beschäftigung mit den Emotionen der Tauchschüler einen anderen Vorteil: Der Beruf Tauchlehrer kann wieder zum Traumjob werden, wenn du hinter starren Modulen, Technik und Umsatzzahlen das Abenteuer Mensch entdeckst!

Pädagogik und Psychologie in der Tauchlehrerausbildung

Ich habe in diesem Buch das Thema Angst und Fehlverhalten rein pragmatisch behandelt, so dass Taucher nachvollziehen können, was beim Tauchen in den verschiedenen Situationen in ihnen vorgeht und wie sie praktisch mit ihren Ängsten umgehen können. Eine allzu theoretische Erläuterung aus psychologischer Sicht würde den einen oder anderen vielleicht langweilen oder verwirren.

Für einen Tauchlehrer kann es jedoch sehr wichtig sein, sich mit dem Wesen der Angst und anderen psychologischen Aspekten etwas eingehender zu beschäftigen. Ebenso kann es nicht schaden, wenn ein Tauchlehrer sich – wie auch jeder andere Lehrer es tun sollte – pädagogische Fähigkeiten aneignet. Brauchbare Psychologie und Pädagogik ist leider auch heute noch ein Stiefkind in der Tauchlehrerausbildung.

Pädagogik – die Lehre vom Lehren

Einen guten Lehrer – und auch einen guten Tauchlehrer – erkennt man nicht an den Inhalten, die er seinen Schülern eintrichtert, sondern an der Art und Weise, wie er das Wissen vermittelt. Es reicht nicht, als Tauchlehrer selbst alle Übungen tadellos zu beherrschen und sie theatralisch und beifallheischend vorzuführen, um dann zu erwarten, dass die Anfänger sie tadellos nachahmen. Eher ist es angebracht, jeden Tauchschüler genau zu beobachten, seine Fehler zu analysieren und Wege zu finden, wie auch weniger Begabte ihr Pensum meistern können.

Selbst ein gestresster Tauchlehrer, der in großen Tauchbetrieben Massenabfertigung leisten muss, sollte darüber nachdenken, ob Ungeduld und unbeherrschte Worte oder Gesten wirklich hilfreich sind. Wohl kein Anfänger stellt sich absichtlich ungeschickt an. Mit harten Worten oder ironischen Bemerkungen kann man nur zwei Reaktionen hervorrufen: Trotz oder Verunsicherung. Keines von beidem fördert den Lernprozess.

Die Praxis

Auch wenn Lieschen Müller zum fünfzigsten Mal durch den Mund ausatmet und sich wundert, warum die Maske noch nicht leer ist, wird ein guter Lehrer sich in ihre Lage versetzten können und neue Wege zur Lösung des Problems suchen. Bewährt hat sich immer, Übungen in einzelnen Schritten so oft durchzuführen, bis sie zu Automatismen werden. Zum Beispiel kann Lieschen Müller zunächst über Wasser ohne Maske durch den Mund einatmen und durch die Nase ausatmen. Dann wird das Ganze über Wasser mit Maske und den entsprechenden Handgriffen und Bewegungen wiederholt. Danach über Wasser mit dem Mund einatmen, Gesicht ohne Maske ins Wasser und mit der Nase ausatmen usw.

Nicht vergessen sollte ein Tauchlehrer, bei schwierigen Fällen jeden kleinen Erfolg zu loben. Lob stärkt das Selbstbewusstsein und fördert die Motivation.

Oft lässt bei den Anfängern nach einer Weile die Konzentration nach und es läuft gar nichts mehr. Wenn dieser Zeitpunkt erreicht ist, ist es ratsam, noch eine einfache Übung, die der Schüler gut beherrscht (etwa Mundstück rein und raus) durchzuführen, um dann die Lektion mit einem Erfolgserlebnis zu beenden.

Ich habe auch immer wieder festgestellt, dass viele Tauchschüler gerade zu Beginn des Tauchkurses mit zwei praktischen Unterrichtsstunden am Tag überfordert waren. Selbst begabte Schüler schwächelten oft bei den Nachmittagslektionen. Gerade bei schwächeren Anfängern ist es besser, nur eine Lektion täglich einzuplanen. Der Schüler nimmt einfach zu viele neue Eindrücke auf, die erst im Gehirn verarbeitet werden müssen. Manchmal hat es mich überrascht, dass eine Übung, die partout nicht gelingen wollte, am nächsten Tag vorzüglich funktionierte.

Ein Wettstreit zwischen den Tauchschülern einer Gruppe kann sich sowohl positiv als auch negativ auswirken. Manchmal wird der Schwächere durch die Leistung der anderen motiviert, oft aber sinkt das Selbstwertgefühl in den Keller, wenn alle anderen das blöde Maskeausblasen auf Anhieb schaffen. Den Tauchschülern sollte immer wieder klar gemacht werden, dass jeder sein eigenes Tempo zum Lernen benötigt und nur mit sich selbst wetteifern sollte. Einzelunterricht ist oft die einzige Möglichkeit, aus einem hoffnungslosen Fall einen begeisterten, sicheren Taucher zu machen.

Welcher Tauchlehrer erlebt es nicht immer wieder beim Schnuppertauchen oder in der ersten Unterrichtsstunde: Kaum legt oder setzt sich der Neuling ins flache Wasser, um die ersten subaquatischen Atemzüge zu sich zu nehmen, schnellt er wieder wie von der Tarantel gestochen noch oben. „Ich kann das nicht! Ich bekomme keine Luft!" Und schon gibt ein potentieller Taucher auf, bevor er begonnen hat.

Diese Situationen können leicht vermieden werden. Klärt der Tauchlehrer seinen Schüler darüber auf, dass dieser Druck in der Kehle und der Brust bei den ersten Atemzügen ganz normal ist und nach wenigen Atemzügen verschwindet, ist die erste Hürde schon gemeistert. Vielleicht erzählt man noch, dass sich das Unterbe-

wusstsein erst einmal daran gewöhnen muss, unter Wasser zu atmen. Es ist also ganz normal und nicht etwa ein Beweis für die Unfähigkeit des Schülers. Am besten nimmt der Anfänger die ersten Atemzüge im Stehen, wo er jederzeit nur den Kopf heben muss, um wieder in seinem eigenem Element zu atmen.

Eine andere Sache ist der Körperkontakt. In der Ausbildung stand bei mir Händchenhalten immer auf dem Programm. Zum einem gibt mir die Hand Aufschluss über den Entspannungsgrad meines Schülers, zum anderen signalisiere ich ihm, dass, wann immer Schwierigkeiten auftreten, eine rettende Hand zur Verfügung steht. Hand in Hand kann ich einen furchtsamen Anfänger in die Unterwasserwelt einführen oder mit einem weniger ängstlichen, aber unerfahrenen Taucher auch schwierige Tauchgänge durchführen. Bei ängstlichen Tauchern muss man aber auch darauf achten, schon zu Beginn einen Abnabelungsprozess in Gang zu setzen, damit das Händchenhalten nicht zur Gewohnheit wird. Nun habe ich als Frau es etwas leichter. Weder „meine Jungs" noch „meine Mädels" haben sich geniert, zuweilen Hand in Hand mit mir um die Riffe zu schlendern. Doch welcher gestandene Mann lässt sich schon gern von einem männlichen Tauchlehrer am Händchen führen? Nun, in dem Fall tut es der Griff am Unterarm auch.

„Härtetraining", wie einem Schüler heimlich die Flasche zudrehen oder die Maske vom Gesicht reißen ist umstritten.

115

*Ein spielerisches „Härtetraining"
ist jedem Taucher zu raten.*

Tauchlehrer solltest du gut abwägen, für welchen Anfänger solch ein Training angemessen ist. Mit wenigen Ausnahmen führe ich diese Übungen nicht im Anfängerkurs durch. Die Ausnahmen sind die Schüler, bei denen alles zu perfekt funktioniert und die leicht übermütig werden. Bei solchen Anfängern ist es angebracht, den Schwierigkeitsgrad der Übungen zu erhöhen. Nach einem bestandenen Open-Water-Kurs und ein wenig Taucherfahrung wäre ein spielerisches „Härtetraining" jedem Taucher zu raten, natürlich nur in geringer Tiefe.

Nicht jeder Mensch ist gleich, und Tauchschüler schon gar nicht. Natürlich muss in jedem Tauchkurs ein gewisses Pensum an Übungen absolviert werden, um Tauchsicherheit zu gewährleisten. In einem gewissen Rahmen wäre jedoch eine Flexibilität in der Ausbildung förderlich. Weniger begabte, ängstliche Anfänger sollten die Zeit bekommen, die wichtigsten Lektionen eingehend zu üben. Wenn die Zeit knapp ist, könnte man Unterrichtseinheiten, die weniger wichtig für die primäre Sicherheit sind, auslassen oder zumindest abkürzen. Dazu gehört zum Beispiel die Arbeit mit dem Kompass. Der schüchterne Anfänger wird ohnehin noch nicht eigenverantwortlich die Richtung finden müssen. Richtig beherrschen wird er das Orientierungstauchen in der im Open-Water-Kurs verlangten Einheit, ohnehin nicht. Also warum Zeit vergeuden. Wenn der Taucher dann genug Erfahrung angesammelt hat, kann er das Versäumte in einem Orientierungskurs so intensiv

Zum einem können sie wirklich auf einen Notfall vorbereiten und – wenn der Schüler die Lage cool bewältigt hat – auch das Selbstvertrauen stärken, zum anderen kann es aber auch Ängste aufbauen und das Vertrauen zum Tauchlehrer stören. Als nachholen, dass es auch einen effektiven Nutzen hat.

Die Theorie

Schon seit meiner Schulzeit habe ich mir Gedanken gemacht über den Sinn, oder besser den Unsinn, von Zeugnissen und Klassenarbeiten. Zeugnisse motivieren den begabten, strebsamen Schüler und bauen bei dem weniger Begabten Stress und Selbstzweifel auf. Wer aber hat eine Selbststärkung nötiger?

Für eine Klassenarbeit lernen Schüler mehr oder weniger intensiv, um eine gute Note zu erreichen, nicht aber um den Lerninhalt wirklich zu verinnerlichen. Wenn kein praktischer Bezug besteht, wird das Gelernte meist im Kurzzeitgedächtnis gespeichert und schon nach wenigen Tagen nicht mehr abrufbar sein. Ist das wirklich Sinn und Zweck des Lernens, oder vergeudete Zeit und Energie?

Genauso verhält es sich mit der Theorieprüfung im Tauchkurs. Gerade im Urlaub, wo Strand und Abenteuer locken, haben viele Leute einfach keine Lust, die sonnigen Tage mit sturem Büffeln zu verschwenden, was auch verständlich ist. Es reicht doch schon, wenn man sich sechs Stunden vor dem Fernseher die Theorie-DVDs reinziehen muss. Ich habe etliche Tauchkursinteressenten im Urlaub getroffen, die genau aus diesem Grund auf einen Tauchkurs verzichtet haben.

Wie aber kann man einem Schüler das wichtige theoretische Wissen verständlich nahe bringen, ohne ihn mit Paukerei und Prüfungsstress zu ersticken?

Ein wichtiger Grundsatz des Tauchens heißt: Tauche nie allein. Warum also nicht auch die Theorieprüfung gemeinsam angehen? Die Prüfungsfragen können von den Schülern gemeinsam durchdiskutiert werden. Auch wenn nicht alle gleich die richtige Lösung wissen, werden durch die Argumentation weitaus flächendeckendere Verknüpfungen im Gehirn aktiviert. Die Zusammenhänge werden besser verstanden und die Inhalte werden später besser abrufbar sein.

Aus Erfahrung kann ich sagen, dass alle meine Prüfungsgemeinschaften den Theoriefragebogen mit hinreichender Punktezahl ausgefüllt haben, ohne vorher ihre kostbare Ferienzeit mit sturem Pauken vergeudet zu haben. Die wenigen Fragen, die nicht richtig waren, wurden dann besprochen. Und ich bin mir sicher, dass gerade die falsch beantworteten Fragen im Gedächtnis hängen geblieben sind.

Psychologie – die Lehre vom Atem

Das Wort Psyche kommt aus dem Altgriechischen und bedeutet Atem, Seele oder Gemüt.

Man kann auch sagen: Die Psyche ist einfach all das am Menschen, was nicht Körper ist. Auch bewusstes Denken kann man nicht von der Psyche trennen. So, wie Gedanken die Gefühle beeinflussen, haben Gefühle Macht über die Gedanken.

Das Leitgefühl, mit dem wir es bei der Tauchausbildung und auch im späteren Taucherleben immer wieder zu tun haben, ist die Angst. Hier können wir mit bewusstem Denken viel bewirken.

Was ist Angst?

Angst ist evolutionsgeschichtlich ein Grundgefühl, das das Überleben der Art sichert. Dieser wichtige Schutzmechanismus hat die Aufgabe, in Gefahrensituationen die Sinne zu schärfen und den Körper für Reaktionen wie Flucht oder Kampf zu aktivieren. Weitere lebenserhaltende Kompensationen sind Erstarrung oder Unterwerfung.

Angst löst beim Menschen Reaktionen auf vier Ebenen aus: emotional, vegetativ, kognitiv und motorisch. Auf der **emotionalen** Ebene entsteht ein Unlustgefühl. **Vegetativ**-körperlich werden Stresshormone wie Adrenalin, Noradrenalin und Dopamin freigesetzt, die zu folgenden Körpersymptomen führen:

- Pupillenerweiterung
- Sensibilisierung der Seh- und Hörnerven
- erhöhte Muskelanspannung, erhöhte Reaktionsgeschwindigkeit
- Steigerung der Herzfrequenz und erhöhter Blutdruck
- flache und schnelle Atmung
- Energiebereitstellung in Muskeln
- Schwitzen (beim Tauchen selten), Zittern und Schwindelgefühl
- Blasen-, Darm- und Magentätigkeit werden gehemmt

Manchmal treten auch Übelkeit und Atemnot auf. Auf der rationalen, **kognitiven** Ebene wird die Aufmerksamkeit auf die (oft vermeintliche) Gefahrenquelle gelenkt und die kognitive Leistungsfähigkeit wird reduziert. Die Bewertung der tatsächlichen Lage wird verzerrt wahrgenommen. Ebenso können Denkschleifen entstehen. Gedanken kreisen um den gleichen Inhalt.

Auswege werden nicht erkannt. **Motorisch** erhöht sich die Anspannung der Muskeln, was hin bis zur Erstarrung gehen kann. Bei einer Panik hingegen setzt immer der Fluchtreflex ein.

Da es evolutionsgeschichtlich günstiger ist, einmal zu oft die Flucht zu ergreifen, als eine reale Gefahr zu übersehen, sind die Antennen der Angstregler sehr fein eingestellt. Ein lauter Knall oder eine schnelle Bewegung von hinten können bereits Schreckmomente auslösen. So kann auch ein unerwarteter Griff des Tauchpartners oder die Berührung mit einer Alge zu Schreckreaktionen führen.

Interessant ist es auch zu wissen, dass Angst nicht unendlich lange anhalten kann. Jede Angst steigt auf ein gewisses Niveau und fällt dann wieder ab. Die Erklärung ist einfach: Der Körper ist nicht in der Lage, pausenlos Angsthormone auszuschütten. Das ist auch die Erklärung, warum Menschen in Extremsituationen wie Krieg oder bei Katastrophen ein relativ normales Leben führen können.

Die Angsttoleranz ist individuell verschieden und multifaktoriell bedingt. Ängstlichkeit kann genetisch vererbt werden, durch Nachahmung erlernt werden oder auf eigene Erfahrungen basieren. Das Angstverhalten wird meist in der frühen Kindheit geprägt.

Angstauslöser können sehr mannigfaltig sein und sind von der allgemeinen Angsttoleranz oft unabhängig. Erinnern wir uns an Indiana Jones, den mutigen Abenteurer, der beim Anblick einer Schlange zum zitternden Häufchen Elend wird. Ich habe schon Fallschirmspringer unterrichtet, die in der Tauchausbildung zu meinen Problemfällen zählten.

Als Tauchlehrer sollte man deshalb nicht von sich auf andere schließen. Was für uns banale Routine ist und wo wir beim besten Willen kein Gefahrenpotenzial erkennen können, zum Beispiel im hüfttiefen Wasser, kann bei unseren Schülern der Horrorstreifen ablaufen.

Ich habe oft die Meinung gehört: Wenn jemand Angst hat, soll er nicht tauchen. Das ist Unsinn. Kinder fürchten sich auch oft vor dem ersten Schultag und müssen trotzdem weiterhin in die Schule gehen. Ängste zu besiegen gehört zu den wichtigsten Erfahrungen in unserem Leben. Wichtig allerdings ist, die Ängste durch eine gute Ausbildung wirklich abzubauen oder zumindest kontrollierbar zu machen. Solange ein Tauchanfänger noch unsicher ist, muss er sich auf seinen Tauchlehrer oder erfahrenen Tauchpartner verlassen können. Gewiss ist es erstrebenswert, dass jeder Taucher eine Eigenverantwortung erlangen will, doch benötigt jeder Taucher seine eigene Zeitspanne oder Anzahl von Tauchgängen, um als gleichwertiger Tauchpartner zu gelten.

Angst ohne realen Anlass
Bei Tieren, die kein reflektierendes Bewusstsein besitzen, wird Angst nur durch reale Gefahren oder Sinneseindrücke, die an Gefahren erinnern, ausgelöst. Der Mensch kann sich jedoch auch Gefahrensituationen in seinem Geist kreieren, die in Wirklichkeit gar nicht vorhanden sind. Dem Angstzentrum im Gehirn ist es dabei egal, ob tatsächlich eine Notlage präsent ist oder nicht. Beispielsweise kann allein der Gedanke an den Zahnarzt eine Angst mit all ihren körperlichen Reaktionen auslösen.

Doch ebenso wie eine Angst durch Hirngespinste hervorgerufen werden kann, kann sie auch im Geist kuriert werden. Allein die intensive Vorstellung, eine brisante Situation souverän zu meistern, ermöglicht eine Steigerung des Selbstbewusstseins und einen Abbau von Stress. Darauf basieren psychotherapeutische Behandlungen zum Beispiel in der Verhaltens- oder Hypnosetherapie oder beim Erfolgs- oder Sportcoaching. Versuche mit Sportlern haben ergeben, dass eine mentale Vorbereitung auf einen Wettkampf fast genauso effektiv ist wie körperliches Training. Es kann also in der Tauchausbildung durchaus hilfreich sein, wenn Anfänger die Übungen, mit denen sie Schwierigkeiten haben, mental erfolgreich durchleben.

Die Macht der Erfahrung
Mentales Training kann zwar eine gute Hilfe sein, nützt aber beim Tauchen nichts, solange der Anfänger sich noch nicht in die Lage begeben hat, vor der er sich fürchtet. Ein Minimum an bewusster oder unbewusster Angst hat jeder, der mit einer völlig neuen, unberechenbaren Situation konfrontiert wird. Wir dürfen nicht vergessen, dass wir beim Tauchen etwas tun, das gänzlich unserer Art widerstrebt. Es gibt für jemanden, der noch nie mit dem Gesicht unter Wasser geatmet hat

Ein einfühlsamer Partner ist wichtig.

und dabei in einer horizontalen Stellung schwebt, keinen entsprechenden Erfahrungsschatz, weder im Bewussten noch im Unterbewussten. Die Erfahrungen müssen erst gesammelt werden, um dann in einer anderen Situation eine Vergleichsmöglichkeit zu bieten. Von großer Bedeutung ist deshalb ein einfühlsames, stressfreies Heranführen, gerade in der ersten Unterrichtsstunde. Wird ein Schüler in der ersten Lektion überfordert oder gerät gar in Panik, wird diese negative Emotion die Messlatte für jede weitere Erfahrung sein. Endet die erste Taucherfahrung jedoch mit einem Erfolgserlebnis, werden nachfolgende Frustrationen weniger schwer bewertet. Dies zeigt, wie wichtig eine Ausbildung ist, die sich den Fähigkeiten der Schüler anpasst.

Wann wird Angst zur Angststörung?

Wir wissen bereits, dass Angst für gewöhnlich einen natürlichen Schutzmechanismus darstellt. Eine pathologische, also krankhafte Angst unterscheidet sich von dem gesunden Gefühl nicht in der Qualität der Empfindung oder körperlichen Reaktionen, sondern dadurch, dass real keine Gefahr oder Bedrohung vorhanden ist. Eine Angststörung ist gekoppelt mit Leidensdruck und Vermeidungshandlungen. In der Internationalen Klassifizierung psychischer Störungen unterscheidet man unter anderem Panikstörungen, generalisierte Angststörungen und Phobien.

Bei Phobien handelt es sich um objektbezogene Ängste, die sich in der Symptomatik nicht von anderen Angstformen unterscheiden. In ihrer Intensität reichen sie von leichtem Unbehagen bis hin zur Panik. Dem Betroffenen fehlt meist die Einsicht, dass er sich in keiner extremen Gefahr befindet, auch wenn andere die Sachlage nicht als gefährlich oder bedrohlich einschätzen. Die furchteinflößende Situation wird nach Möglichkeit gemieden oder voller Ängstlichkeit ertragen. Bereits die Vorstellung des Angstthemas löst Erwartungsängste aus.

Ich kann mir nicht helfen, aber bei dieser Beschreibung einer Phobie fallen mir die vielen Taucher – oft auch erfahrene – ein, die sich mit allen Mitteln und Ausreden weigern wollen, beim Checktauchgang die Maske abzunehmen.

Wer taucht, müsste sich doch im Klaren sein, dass die Angelegenheit etwas mit Wasser zu tun hat, und dass diese schre-ckenserregende Flüssigkeit auch das Gesicht berühren kann. Wer sich so strikt weigert, hat gewiss in der Ausbildung Wasser in Mund, Nase und Augen bekommen. Nun, das war vielleicht nicht angenehm, aber doch auf keinem Fall der blanke Horror. Auch sollte es keine intellektuelle Hochleistung erfordern, einzusehen, wie wichtig es für die Tauchsicherheit ist, seine Maske unter Wasser absetzen und leeren zu können. Wäre es dann nicht das Vernünftigste, im Urlaub den Tauchlehrer zu bitten, ganz intensiv die verhasste Lektion üben zu dürfen? Bei einer Phobie kann man aber nicht mit Vernunft rechnen. Erzählt einem Insektenphobiegeplagten, dass die Kakerlake total harmlos ist, er wird beim Anblick dieses Tierchens trotzdem die Flucht ergreifen.

Bei einer Phobie kann Wasser in der Maske zur Panik führen.

Es bedarf nicht viel Fantasie, sich vorzustellen, dass eine wasserbedingte Phobie beim Tauchen gefährlich werden kann. „Tauchmasken sind heutzutage so gut, da kommt kein Wasser rein" – selbst wenn diese Behauptung stimmen würde, wäre das keine Garantie dafür, dass es nicht zu einer Panik kommen könnte. Denn ein Charakteristikum der Phobie ist die Angst vor der Angst. Das beklemmende Gefühl tritt also schon beim bloßem Gedanken an die befürchtete Situation auf.

Als Tauchlehrer tut man seinen Kunden keinen Gefallen, wenn man auf einen Checktauchgang und die Durchführung der wichtigsten Übungen verzichtet. Man bringt die Taucher lediglich in Lebensgefahr.

Die gute Nachricht ist, Phobien – besonders wenn sie nicht auf frühkindlichen Erfahrungen beruhen – lassen sich gut mit Konfrontationstherapie beheben. Die Vermeidungsstrategie muss einfach durchbrochen werden. Ein geduldiges und schrittweises Herantasten an die verhassten Übung fördert gute Erfahrungen. Tipps dazu stehen im Kapitel „Praktische Übungen". Oft dauert es nur zehn, fünfzehn Minuten, manchmal ein, zwei Übungsstunden, bis der Taucher erkennt, wie gut er die Lage meistern kann und dass seine Ängste unbegründet sind. Sinnvoller ist es allerdings, in der Tauchausbildung so einfühlsam vorzugehen, dass Phobien gar nicht erst entwickelt werden.

Allgemeine Wasserphobien, die meist entstanden sind, weil jemand als Kind vermeintlich oder tatsächlich fast ertrunken wäre oder andere schlechten Erfahrungen gemacht hat, lassen sich durch eine Tauchausbildung verbessern oder sogar vollständig abbauen. Eine Wasserfläche, egal ob Meer, See oder Schwimmbecken erscheint als große, wabbelnde Fläche, unter der das Unbekannte mit all seinen Monstern lauert. Diese Bedrohung verschwindet, sobald man selbst ein Teil des Unbekannten geworden ist. Natürlich bedarf es einer Portion Geduld und erhöhter Aufmerksamkeit vom Tauchlehrer. In solchen Fällen muss der Tauchlehrer besonders mit unvorhergesehene Stresssituationen rechnen.

Anhang

Das Boyle-Mariottesche Gesetz

„Bei gleichbleibender Temperatur ist das Produkt aus Druck mal Volumen für eine abgeschlossene Gasmenge konstant."

So lautet das Boyle-Mariottesche Gesetz, das wichtigste physikalische Gesetz für den Taucher.

An der Meeresoberfläche herrscht ein Umgebungsdruck von 1 bar. Das bedeutet, auf einem Quadratzentimeter lastet 1 Kilogramm Luft. Im Wasser nimmt der Druck alle 10 Meter um 1 bar zu. Auf 10 Meter haben wir einen Umgebungsdruck von 2 bar, auf 20 Meter 3 bar, auf 30 Meter 4 bar usw. Diese Rechnung ist einfach: Wassertiefe geteilt durch 10 plus 1. Wir müssen ja zum Wasserdruck 1 bar Luftdruck hinzufügen.

Angenommen wir hätten einen Luftballon, der mit 10 Litern Luft gefüllt wäre. Würden wir diesen unter Wasser drücken, hätte der Luftballon auf 10 Meter nur noch das halbe Volumen (5 Liter), denn es wirkt doppelt soviel Umgebungsdruck auf ihn ein wie an der Oberfläche. Auf 20 Meter hätte der Luftballon nur noch ein Drittel seines ursprünglichen Volumens (3,3 Liter) bei dreifachem Umgebungsdruck. In einer Tiefe von 30 Meter ist unser Ballon gar auf ein Viertel geschrumpft (2,5 Liter), der Umgebungsdruck ist vier Mal so stark wie an der Oberfläche. Lassen wir unseren Ballon wieder aufsteigen, vergrößert sich das Volumen im gleichen Verhältnis, wie der Umgebungsdruck abnimmt.

Nun stellen wir uns einen Taucher mit einem Lungenvolumen von 5 Litern vor. Er sitzt auf 10 m Tiefe und atmet aus einer Pressluftflasche. Natürlich füllt er bei jedem Atemzug seine Lunge voll, er hat ja genügend Luft zur Verfügung. Taucht er nun, aus irgendeinem Grund, bis zur Oberfläche, ohne auszuatmen, hätte er rein theoretisch 10 Liter Luft in der Lunge. Rein praktisch hält das die beste Lunge nicht aus. Es würde zu einem Lungenriss kommen. Dieses Beispiel zeigt, wie wichtig das Verständnis des Boyle-Mariotteschen Gesetzes für den Taucher ist.

Beim Freitauchen ohne Pressluft sieht die Sache anders aus. Der Schnorchler atmet an der Oberfläche ein und hält die Luft beim Abtauchen an. Die Luft in seiner Lunge wird durch den Wasserdruck zusammengedrückt, das Lungenvolumen verringert sich im Verhältnis des zunehmenden Wasserdrucks. Beim Auftauchen dehnt sich die Luft auf das ursprüngliche Volumen aus. Beim Schnorcheltauchen kann es also nicht zu einem Lungenüberdruckunfall kommen.

Betrachten wir die Abbildung des Boyle-Mariottschen Gesetzes, können wir erkennen, dass der größte Druckunterschied in den ersten Metern liegt. Zwischen 0 und

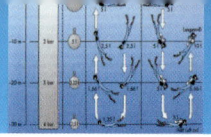

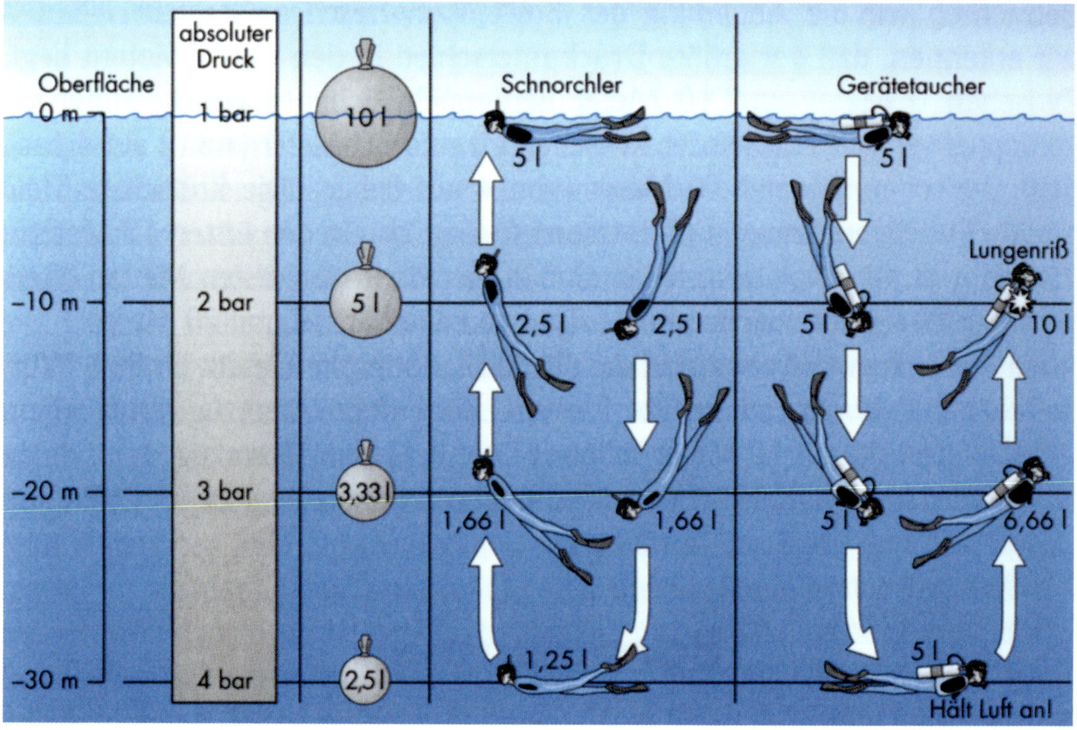

Das Boyle-Mariottsche Gesetz und seine Auswirkung auf den Gerätetaucher und auf den Freitaucher.

10 Meter verdoppelt sich der Druck. Hingegen verdoppelt er sich erst wieder zwischen 10 und 30 Meter (von 2 auf 4 bar), dann zwischen 30 und 70 Meter (von 4 auf 8 bar). Die kritischste Tiefe für alle Druckverletzungen (Barotraumen) liegt also in den ersten 10 Metern. Vielleicht ist dir schon aufgefallen, dass du gerade in den ersten Metern öfter den Druckausgleich machen musst als etwa zwischen 10 und 20 Meter.

Auch auf deinen Luftvorrat hat das Boyle-Mariottsche Gesetz Einfluss. Würdest du beispielsweise an der Oberfläche 4 Liter Luft pro Atemzug verbrauchen, so bräuchtest du auf 10 Meter schon 8 Liter bei jedem Atemzug, denn deine Lunge wird bei gleichbleibendem Volumen unter doppeltem Druck gefüllt.

Barotraumen

Baro heißt Druck, *Trauma* heißt Verletzung. Alle Verletzungen, die durch Druck entstehen, nennen wir Barotraumen.

Unser Körper besteht größtenteils aus Flüssigkeit. Flüssigkeit lässt sich nicht zusammendrücken. Deshalb könnte man theoretisch unendlich tief tauchen, ohne vom Wasserdruck zerquetscht zu werden, vorausgesetzt, wir hätten genug Luft, um in allen Hohlräumen unseres Körpers den entsprechenden Umgebungsdruck herzustellen. Barotraumen können überall dort auftreten, wo unser Körper mit Luft gefüllt ist.

Lungenüberdruckunfall

Das gefährlichste Barotrauma ist der Lungenriss. Diese Verletzung kann wie oben bereits erklärt nur beim Gerätetauchen auftreten, nicht beim Schnorcheln. Zum Lungenriss kann es kommen, wenn ein Taucher auftaucht, ohne die beim Aufstieg expandierende Luft auszuatmen. In seltenen Fällen können auch Erkrankungen der Atemwege den Luftabfluss behindern.

Barotrauma des Trommelfells

Am deutlichsten bewusst wird uns der Wasserdruck in den Ohren. Schon auf weniger als 1 Meter Tiefe spüren wir ein leichtes Druckgefühl am Trommelfell. Würden wir tiefer gehen, ohne etwas dagegen zu unternehmen, würde sich der Druck verstärken, wir würden Schmerzen bekommen und schließlich könnte das Trommelfell der Spannung nicht mehr widerstehen und würde platzen. Deshalb müssen wir den Druckausgleich durchführen. Beim Druckausgleich pressen wir Luft durch die Eustachische Röhre (die Verbindung von Mund-Nasen-Rachenraum zum Mittelohr) ins Mittelohr, sodass der innere Luftdruck dem äußeren Wasserdruck entspricht und das Trommelfell wieder in seiner natürlichen Position verweilt.

Eine Erkältung kann zum Verschluss der Eustachischen Röhre führen. Lässt sich beim Abtauchen kein Druckausgleich durchführen, muss auf das Tauchen verzichtet werden. Manchmal macht sich die Blockade erst beim Aufstieg bemerkbar. Der sich ausdehnende Druck kann nicht schnell genug entweichen. Taucht man dann zu schnell auf, kann es zu einem Trommelfellriss von innen nach außen kommen. Spürst du beim Auftauchen ein Druckgefühl im Ohr, hilft nur sehr langsames Auftauchen. Nur in seltenen Fällen ist die Eustachische Röhre so stark zugeschwollen, dass die Luft überhaupt nicht mehr ausströmen kann. In diesem Fall ist ein Trommelfellriss kaum zu vermeiden.

Auf keinen Fall darf man beim Tauchen Ohrenstöpsel benutzen. In dem luftgefüllten Raum zwischen Stöpsel und Trommelfell würde beim Abstieg ein relativer Unterdruck entstehen. Ein Unterdruck-Barotrauma des Trommelfells wäre die Folge.

Barotrauma im Maskeninnenraum

Mit der Tauchermaske wird ein künstlicher, luftgefüllter Hohlraum außerhalb unseres Köpers geschaffen. Auch dieser unterliegt den Druckgesetzen. Steigt der Wasserdruck von außen an, entsteht ein Unterdruck im Maskeninnenraum. Die Sogwirkung kann Verletzungen der Bindehaut im Auge hervorrufen. In Extremfällen kann es durch ein Maskenbarotrauma auch zu Sehstörungen kommen. Tauchen wir ab, müssen wir gelegentlich durch die Nase ausatmen, um den Druckunterschied auszugleichen.

Barotraumen der Nebenhöhlen

In unserem Schädel befinden sich Knochen, die innen hohl sind und mit dem

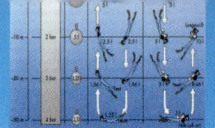

Mund-Nasen-Rachenraum in Verbindung stehen: Stirnhöhlen, Kiefernhöhlen, Keilbein, Siebbeinzellen und Warzenfortsatzzellen. Normalerweise dringt in diese Nebenhöhlen beim Abtauchen der Luftdruck ein und entweicht beim Auftauchen wieder, ohne dass wir etwas davon spüren. Haben wir eine Erkältung, ist es möglich, dass die Schleimhäute in den Nebenhöhlen angeschwollen sind. In diesem Fall kann der Luftdruck nur langsam oder gar nicht entweichen. Es entsteht, wenn wir abtauchen, ein schmerzhafter Unterdruck. Meist macht sich dieser stechende Schmerz schon auf den ersten Metern bemerkbar. Dann sollte unbedingt auf das Tauchen verzichtet werden. Zwar stellt sich oft der Druckausgleich ein, wenn man langsam genug absinkt. Aber es besteht die Gefahr, dass die expandierende Luft beim Hochsteigen nicht mehr entweichen kann, was dann zu einem äußerst schmerzhaften Nebenhöhlenbarotrauma führt. Warten Sie also im Falle einer Erkältung, die sich auf die Nebenhöhlen auswirkt, lieber mit dem Tauchen ab, bis Sie wieder völlig gesund sind.

Barotrauma im Zahn

In seltenen Fällen weisen Zähne, die mit Füllungen versehen sind, kleinste Lufteinschlüsse und Risse auf. Dadurch tritt der Luftdruck nur langsam ein und aus. Es kommt zu Zahnschmerzen. Unter Umständen kann sich auch die Plombe lösen und herausfallen. Abhilfe kann nur der Zahnarzt schaffen, in dem er die schadhafte Füllung erneuert.

Dekompressionskrankheit

Beim Sporttauchen verwenden wir nicht – wie vom Laien manchmal angenommen – Sauerstoff, sondern Pressluft. Pressluft ist normale Atemluft, vom Kompressor in die Flasche gepresst. Atemluft besteht aus 78 % Stickstoff (N), 21 % Sauerstoff (O), der Rest sind Kohlendioxid (CO_2) und Edelgase.

Nur 4 % des Sauerstoffs gehen im Körper eine chemische Verbindung ein und werden als Kohlendioxid wieder abgegeben. Der restliche Sauerstoff und der Stickstoff dienen unter normalen Umständen lediglich als Füllgase. Das ändert sich allerdings, sobald unser Körper Druck ausgesetzt ist, wie beim Tauchen. Der menschliche Körper besteht größtenteils aus Flüssigkeit. Stickstoff hat die Eigenschaft, sich in Flüssigkeit zu lösen, wenn diese unter Druck steht. Wie viel Stickstoff eine Flüssigkeit aufnimmt, hängt von zwei Faktoren ab: Erstens von der Stärke des Drucks (Tauchtiefe) und zweitens von der Zeit, in der der Druck auf die Flüssigkeit einwirkt.

Hat unser Körper eine gewissen Menge Stickstoff aufgenommen und wir entlasten den Druck zu schnell, indem wir zu rasch auftauchen, kann der Stickstoff Blasen bilden. Das ist der gleiche Effekt, als wenn man eine Sprudelflasche öffnet. Die gelöste Kohlensäure perlt aus. Diese Stickstoffblasenbildung nennen wir Dekompressionskrankheit. Es gibt verschiedene Symptome der Dekompressionskrankheit:

Taucherflöhe sind Gasblasen unterhalb

der Haut und des Unterhautfettgewebes; Rötung der Haut und starker Juckreiz sind Symptome.

Bends nennt man Gasblasen in den Gelenken, meist Schulter- oder Ellenbogengelenken, die Gelenkschmerzen, Taubheitsgefühl, Kribbeln und Muskelschwäche auslösen.

Neurologische Manifestationen sind Gasblasen im Rückenmark oder Gehirn. Die Folgen: Lähmungen und Schädigungen des Gehirns.

Chokes sind Gasblasen in der Blutbahn, durch die es zu Gas- und Fettembolien kommen kann.

Nach Erste-Hilfe-Maßnahmen mit der Gabe von reinem Sauerstoff ist eine Behandlung in einer Dekompressionskammer unumgänglich. In der Dekokammer wird der verunglückte Taucher erneut unter Druck gesetzt, damit die Gasbläschen wieder komprimiert werden. Danach muss der Druck sehr langsam reduziert werden. Solch eine Behandlung kann von sechs Stunden bis zwei Tage dauern.

Um Dekompressionsunfälle zu vermeiden, sollten wir ausschließlich in der Nullzeit tauchen. Nullzeit ist die Zeit, in der wir auftauchen können, ohne Auftauchpausen einzuhalten.

Tauchen wir länger als die Nullzeit, kommen wir in die sogenannte Dekozeiten. Das heißt, man darf nicht direkt auftauchen, sondern muss auf bestimmten Tiefen (9 Meter, 6 Meter, 3 Meter) Dekostopps einhalten. Eine Dekotauchgang birgt immer die Gefahr, dass die Dekostopps nicht eingehalten werden können. Sei es, der Luftvorrat reicht nicht, dem Taucher wird unter Wasser übel, er gerät in Panik oder Brandung und Strömung verhindern das Verweilen in der angegebenen Tiefe.

> Die Nullzeiten für die entsprechenden Tauchtiefen sowie die Dekozeiten und -stopps lassen sich anhand einer Dekotabelle oder mit Hilfe eines Tauchcomputers ermitteln.

Vielen Dank

Hiermit möchte ich allen danken, die an diesem Buch mitgeholfen haben. Dr. Christian Beyer, der mit seinem medizinischen Wissen den Artikel über das Kindertauchen mit wichtigen Fakten bereichert hat. Ulli Doebler, meinem Lieblings-Ex-Boss, der mir eine Vielzahl von Fotos zur Verfügung gestellt hat. Meinem guten Freund Raimar Lenz, der auch wieder etliche Bilder beigesteuert hat, wobei es mich freut, einige Bilder von Margret Lenz dabei zu haben und so die Erinnerung an einen liebenswerten Menschen aufrecht zu erhalten. Außerdem möchte ich meiner Lektorin Frau Angela Saur für die unkomplizierte Bearbeitung danken und auch Herrn Oliver Schwarz, meinem Lektor von „Tauchen ohne Stress", der sich für die Neuverlegung des Buches eingesetzt hat.

Die Autorin

Monika Rahimi, geboren 1955, wollte eigentlich Reitlehrerin werden und absolvierte eine Pferdepflegerlehre. Doch dann sattelte sie um. Von 1977 bis 2007 war sie hauptberuflich weltweit als Tauchlehrerin tätig. Zu ihren Arbeitsstätten zählten Spanien, der Sudan, die Malediven, Philippinen, Kuba, die Dominikanische Republik, Indonesien und Tonga. Außerdem organisierte sie Tauchreisen in Nord-, Mittel- und Südamerika.

Neben den Sachbüchern „Tauchen ohne Angst" und „Tauchen ohne Stress" (beide im Verlag Müller Rüschlikon erschienen) ist sie auch die Verfasserin des autobiografischen Romans „Kuba – Liebe zwischen den Fronten".

Seit 2008 ist die Autorin als psychotherapeutische Heilpraktikerin in der Nähe von Hamburg tätig.